essentials

Springer Essentials sind innovative Bücher, die das Wissen von Springer DE in kompaktester Form anhand kleiner, komprimierter Wissensbausteine zur Darstellung bringen. Damit sind sie besonders für die Nutzung auf modernen Tablet-PCs und eBook-Readern geeignet. In der Reihe erscheinen sowohl Originalarbeiten wie auch aktualisierte und hinsichtlich der Textmenge genauestens konzentrierte Bearbeitungen von Texten, die in maßgeblichen, allerdings auch wesentlich umfangreicheren Werken des Springer Verlags an anderer Stelle erscheinen. Die Leser bekommen „self-contained knowledge" in destillierter Form: Die Essenz dessen, worauf es als „State-of-the-Art" in der Praxis und/oder aktueller Fachdiskussion ankommt.

Bernd Radtke

Markenidentitätsmodelle

Analyse und Bewertung von
Ansätzen zur Erfassung der
Markenidentität

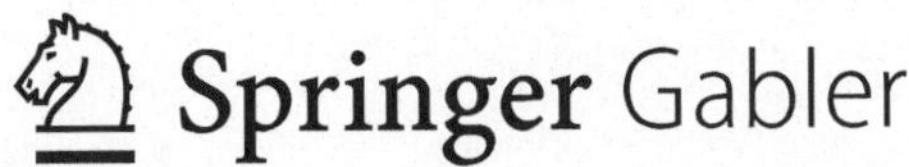

Bernd Radtke
Neu-Ulm
Deutschland

ISSN 2197-6708   ISSN 2197-6716 (electronic)
ISBN 978-3-658-04585-2   ISBN 978-3-658-04586-9 (eBook)
DOI 10.1007/978-3-658-04586-9

Die Deutsche Nationalbibliothek verzeichnet diese Publikation in der Deutschen National-
bibliografie; detaillierte bibliografische Daten sind im Internet über http://dnb.d-nb.de ab-
rufbar.

Springer Gabler
© Springer Fachmedien Wiesbaden 2014

Gedruckt auf säurefreiem und chlorfrei gebleichtem Papier

Springer Gabler ist eine Marke von Springer DE. Springer DE ist Teil der Fachverlagsgruppe
Springer Science+Business Media
www.springer-gabler.de

Vorwort

Das erste Markenidentitätsmodell des Ansatzes der identitätsorientierten Markenführung wurde von Kapferer bereits vor über zwanzig Jahren entwickelt, weitere Modelle folgten. Seit Mitte/Ende der 1990er Jahre gilt er als der vorherrschende Ansatz im Markenverständnis. Erstaunlich ist, dass bislang in kaum einem deutschsprachigen Marketing- oder Markenlehrbuch – eine wohltuende Ausnahme ist der Beitrag von Esch/Langner/Rempel aus dem Jahr 2005, wobei hier noch nicht der „neue", eine ganze Reihe von Arbeiten prägende Ansatz von Burmann integriert ist – die verschiedenen, diesem Ansatz zugrunde liegenden Markenidentitätsmodelle in einem Gesamtüberblick und in der der Bedeutung und Problematik angemessenen Breite und Tiefe vorgestellt werden. Das Interesse an diesem Thema und der Bedarf für alle Studierenden, Dozenten und Markenpraktiker in Unternehmen, Beratungen und Agenturen liegen auf der Hand. Diese Lücke versucht dieses Buch – zumindest ansatzweise – zu schließen.

Das vorliegende Buch ist ein komprimiertes Exzerpt meiner Dissertation „Stadtslogans zur Umsetzung der Markenidentität von Städten". Als theoretisch-konzeptionelle Grundlage der Dissertation, die in ihrem Hauptteil mit mehreren umfangreichen empirischen Erhebungen die Güte von Stadtslogans und insbesondere ihren Bezug zur Markenidentität von Städten untersucht, werden zunächst die für *alle* Markenobjekte – Konsumgüter, Investitionsgüter, Dienstleistungen, Unternehmen, Non-Profit-Organisationen etc. – geltenden zentralen Erkenntnisse der Identitätsforschung sowie Charakterzüge, Formen, konstitutive Kriterien, Probleme und Ausprägungen der Markenidentität vorgestellt. Der Fokus hierbei liegt auf den wesentlichen Markenidentitätsmodellen, die detailliert analysiert und kriteriengestützt bewertet werden.

Im hier präsentierten Buch werden die Erläuterungen und Ergebnisse der Dissertation, die das Thema Markenidentität betreffen, in übersichtlicher, fokussierter und leicht verständlicher Form vorgestellt und um aktuelle Literaturquellen ergänzt.

Neu-Ulm, im Oktober 2013												Dr. Bernd Radtke

Inhaltsverzeichnis

Einleitung: Markendefinition, Markenimage und Markenidentität

Die zahlreichen Funktionen, die Marken aus Anbieter- und Nachfragersicht erfüllen[1] und die unterschiedlichen Markenverständnisse, die im Verlauf der vergangenen 150 Jahre phasenweise vorherrschten und die alle heute noch einen Einfluss haben,[2] erschweren eine allgemeingültige Definition des Markenbegriffs.[3] Eine moderne betriebswirtschaftlich-psychologische Perspektive orientiert sich primär an den Wirkungen der Marke bei den Anspruchsgruppen und rückt die Substanz der Marke in den Mittelpunkt der Betrachtung. Eine Marke wird im Rahmen dieser Arbeit als wirkungsorientiertes System verstanden, das mehrere Elemente und Beziehungen beinhaltet (siehe Abb. 1.1):

Marke wird definiert als die Gesamtheit einer mit einem Namen oder einem ähnlich prägnanten Brandingelement versehenen Identität und den dadurch ausgelösten Vorstellungsbildern (Images) in den Köpfen der Anspruchsgruppen, die eine Differenzierung gegenüber den Vorstellungsbildern (Images) von anderen in Konkurrenz stehenden Objekten bewirken und das Verhalten der Anspruchsgruppen, insbesondere ihr Wahl- und Kaufverhalten, beeinflussen.

Somit wird klar, dass das System Marke aus zwei wesentlichen Aspekten besteht: der Markenidentität und dem Markenimage. Bevor in den nächsten Kapiteln ausführlich auf die Markenidentität eingegangen wird, soll hier in aller Kürze das Konstrukt Markenimage vorgestellt werden. Dem Markenimage wird in der Literatur für die Markenführung und den Markenerfolg eine herausragende Bedeutung

---

[1] Vgl. Esch 2012, S. 24; Homburg 2012, S. 610 f.; Burmann et al. 2005, S. 12 ff.

[2] Siehe hierzu Burmann et al. 2012, S. 20 ff.; Meffert und Burmann 2005, S. 20 f.; Blinda 2007, S. 16 f.

[3] Kapferer bringt es auf den Punkt: „Curiously, one of the hottest points of disagreement between experts is the definition of a brand" (Kapferer 2012, S. 7).

B. Radtke, *Markenidentitätsmodelle*, essentials,
DOI 10.1007/978-3-658-04586-9_1, © Springer Fachmedien Wiesbaden 2014

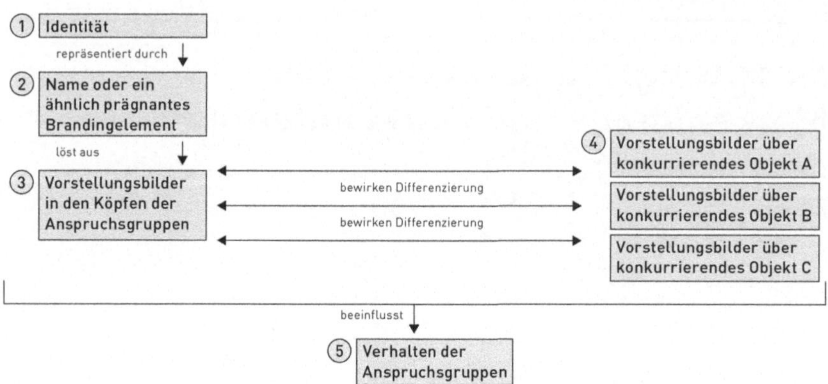

Abb. 1.1 Definition von Marke als wirkungsorientiertes System. (Quelle: Eigene Darstellung)

beigemessen.[4] Über die Definition des Konstrukts Image und über die Konzeptualisierung, d. h. aus welchen Komponenten das Imagekonstrukt besteht, herrscht bis heute Uneinigkeit.[5] Übereinstimmend kann festgehalten werden, dass es sich beim Markenimage „um ein im Gedächtnis des Nachfragers beheimatetes Konstrukt handelt, das rein subjektiv verarbeitet und interpretiert wird."[6] Im Sinne einer schlüssigen Gesamtkonzeption wird das **Markenimage** definiert als die Gesamtheit der Vorstellungsbilder über eine Marke in den Köpfen der Anspruchsgruppen, die sich auf Grund der von ihnen subjektiv wahrgenommenen Attribute, Nutzen und Persönlichkeit der Marke ergeben (siehe Abb. 1.2).

---

[4] Vgl. Esch 2008, S. 68; Trommsdorff undTeichert 2011, S. 125; Trommsdorff 2009, S. 156. Sattler identifiziert in einem zusammen mit der Gesellschaft für Konsumforschung (GfK) entwickelten Indikatorenmodell das Markenimage branchenübergreifend als den mit Abstand bedeutendsten Treiber des Markenwerts, das zu 44,1 % den langfristigen Markenwert beeinflusst. Danach folgen die Marktstellung der letzten fünf Jahre (24,1 %), der wertmäßige Marktanteil (11,5 %) sowie die Wiederkaufrate (9,4 %) (vgl. Sattler 1997, S. 46–50).

[5] Vgl. Burmann und Stolle 2007, S. 12; Dobni und Zinkhan 1990, S. 112 ff.; Drengner 2006, S. 75.

[6] Burmann und Stolle 2007, S. 12. Zu erwähnen ist in diesem Kontext, dass streng genommen kein Objekt ein Image hat, sondern dass ein Mensch in seinem Kopf ein subjektives Vorstellungsbild von einem Objekt hat. Erst der Glaube, dass eine Vielzahl von Menschen ähnliche oder gleiche Vorstellungsbilder dieses Objektes haben, führt zu der Konsequenz, dass diesem Objekt ein intersubjektiv gleiches Image zugeschrieben wird (siehe hierzu Ballantyne et al. 2006, S. 346).

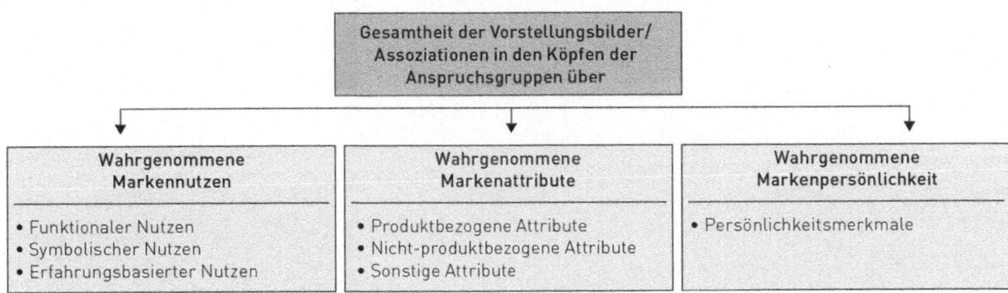

Abb. 1.2 Das Konstrukt Markenimage. (Quelle: Eigene Darstellung)

Zusammenfassend kann man sagen, dass Markenidentität und Markenimage in einem permanenten Austauschprozess stehen.[7] Bei der Markenidentität handelt es sich um ein „Aussagenkonzept"[8] und ein „Führungskonzept"[9], das zum Ausdruck bringt, für welche wesensprägenden Merkmale die Marke stehen soll; das Markenimage hingegen kann als „Akzeptanzkonzept"[10] der Nachfrager bezüglich der Wahrnehmung und Beurteilung der Markenidentität interpretiert werden.[11] Kapferer betont: Die Markenidentität ist ein gestaltbares Managementkonzept, das Markenimage hingegen *nicht*.[12]

Nachdem die Markendefinition und das Markenimage als eine der zentralen Wirkgrößen einer Marke und als *ein* Aspekt der Markendefinition vorgestellt wurde, erfolgt die Fokussierung auf den *anderen* Aspekt der Markendefinition, auf die Markenidentität.

---

[7] Vgl. Burmann et al. 2012, S. 28 und S. 73 f.; Burmann und Meffert 2005a, S. 49.

[8] Burmann et al. 2012, S. 29; ebenso Kapferer 1992, S. 44 ff.; Esch 2012, S. 81.

[9] Müller 2012, S. 8.

[10] Burmann et al. 2012, S. 29; ebenso Kapferer 1992, S. 45; Esch 2012, S. 81.

[11] Vgl. Burmann und Meffert 2005a, S. 52; ebenso Kapferer 1992, S. 44.

[12] Vgl. Kapferer 1992, S. 44 f.; Burmann und Meffert 2005a, S. 52.

Markenidentität im Prozess der Identitätsorientierten Markenführung   2

In der Betriebswirtschaftslehre dominiert seit Jahrzehnten die Grundhaltung, dass Unternehmen ihre Aktivitäten primär an den Anforderungen des Marktes ausrichten; diese Denkweise wird Market-Based-View (MBV) oder Outside-In-Argumentation genannt.[1] Die strikte Marktorientierung des MBV, der unternehmensinterne Erfolgsfaktoren ausblendet und das Unternehmen als Black Box betrachtet, wurde ab Beginn der 1990er Jahre scharf kritisiert.[2] Der MBV ist nicht ausreichend, um als alleinige Grundlage für überlegene strategische Management- und Markenscheidungen zu dienen. Vielmehr müssen unter-nehmensinterne Überlegungen integriert werden. Diese Denkweise wird Resource-Based-View (RBV) genannt.[3] Der RBV widmet sich der Identifi-kation und Erforschung von Ursachen für Unternehmenserfolge und der Ableitung von Maßnahmen zur Erfolgserzielung. Er unterstellt in seiner Inside-Out-Argumentation, dass der Unternehmenserfolg durch einzigartige unter-nehmensspezifische Ressourcen und Fähigkeiten determiniert wird.[4]

Für die Schaffung eines hohen und dauerhaften Unternehmens- oder Markenwertes ist jedoch nicht nur nach Auffassung des Autors dieser Arbeit eine Zusammenführung der externen Marktorientierung mit der internen Ressourcen- und

---

[1] Der MBV postuliert, dass ein dauerhafter Unternehmenserfolg und die Erzielung von langfristig überdurchschnittlichen Kapitalrenditen durch die Schaffung von nachhaltigen Wettbewerbsvorteilen ermöglicht werden, die vor allen durch die Wahl des richtigen Marktes sowie durch das Verhalten des Unternehmens in diesem Markt entstehen (vgl. Meffert et al. 2012, S. 5; Burmann et al. 2012, S. 6 ff.; Blinda 2007, S. 36 f).

[2] Mehrere Untersuchungen, die die Unternehmensrentabilität in verschiedenen Branchen analy-sierten, kamen zum Ergebnis, dass die Divergenzen innerhalb einer Branche größer waren als zwischen den verschiedenen Branchen (vgl. Meffert et al. 2012, S. 5 f.; Blinda 2007, S. 38).

[3] Siehe ausführlich Blinda 2007, S. 40–42; ebenso Burmann et al. 2012, S. 8 f.

[4] Vgl. Freiling 2001, S. 5; Burmann und Meffert 2005a, S. 40.

B. Radtke, *Markenidentitätsmodelle*, essentials,
DOI 10.1007/978-3-658-04586-9_2, © Springer Fachmedien Wiesbaden 2014

Kompetenzenorientierung unabdingbar. Die gegenseitige Befruchtung der Outside-In- und der Inside-Out-Perspektive zu einem integrativ ausgerichteten strategischen Management ist notwendig. Dies leistet der identitätsorientierte Ansatz der Markenführung, in dessen Mittelpunkt die wechselseitige Beziehung von Markenidentität (Inside-Out-Perspektive) und Markenimage (Outside-In-Perspektive) sowie die funktionsübergreifende unternehmensweite Vernetzung aller markenbezogenen Aktivitäten stehen.[5]

Bevor auf das Konstrukt der Markenidentität ausführlich eingegangen wird, soll an dieser Stelle der Prozess der identitätsorientierten Markenführung kurz skizziert werden (siehe Abb. 2.1). Zu Beginn steht eine systematische Situationsanalyse. Neben dem relevanten Markt muss die Situation der eigenen Marke und der eigenen Organisation analysiert werden, insbesondere die Ist-Markenidentität und die Ist-Positionierung.[6] Ferner sollte die Unternehmensphilosophie und die -vision miteinbezogen werden, da beide Konstrukte die Markenidentität beeinflussen.[7] Die Ableitung der Soll-Identität erfolgt auf Basis der Synthese und Bewertung der beschriebenen Analysen. Sie stellt die von den Markenverantwortlichen angestrebte Ziel-Identität dar, und ist häufig in einer bestimmten Form visualisiert.[8]

Anschließend wird die Soll-Positionierung definiert.[9] Hierfür sind zunächst die Wettbewerber und die Zielgruppen zu definieren und dann „als Extrakt der Markenidentität"[10] einige wenige Identitätselemente als Positionierungsmerkmale auszuwählen. Die nächsten Schritte sind die externe und interne Umsetzung der Soll-Markenidentität und Soll-Positionierung durch ein breites Spektrum an Maßnahmen[11] sowie das Markencontrolling.[12]

---

[5] Vgl. Burmann und Meffert 2005a, S. 42 f.

[6] Vgl. Esch 2012, S. 115 ff.

[7] Vgl. Esch 2012, S. 83–89.

[8] Vgl. Esch 2012, S. 117 f.; Burmann und Meffert 2005b, S. 107 ff.

[9] Esch bekräftigt: „Markenidentität dient als Ausgangspunkt für die Markenpositionierung" (Esch 2012, S. 90). Diese zielt darauf ab, „dass die Marke in den Augen der Zielgruppe so attraktiv ist und gegenüber konkurrierenden Marken so abgegrenzt wird, dass sie gegenüber diesen [...] vor-gezogen wird" (ebenda, S. 157; siehe ähnlich Burmann und Meffert 2005b, S. 81).

[10] Esch et al. 2005, S. 127; siehe ähnlich Kapferer 2012, S. 156.

[11] Vgl. Esch 2012, S. 124 ff.; Burmann et al. 2012, S. 161 ff.

[12] Siehe hierzu ausführlich Burmann et al. 2012, S. 217 ff.; ähnlich Esch 2012, S. 116 ff., insbesondere S. 118; Burmann und Meffert 2005b, S. 76.

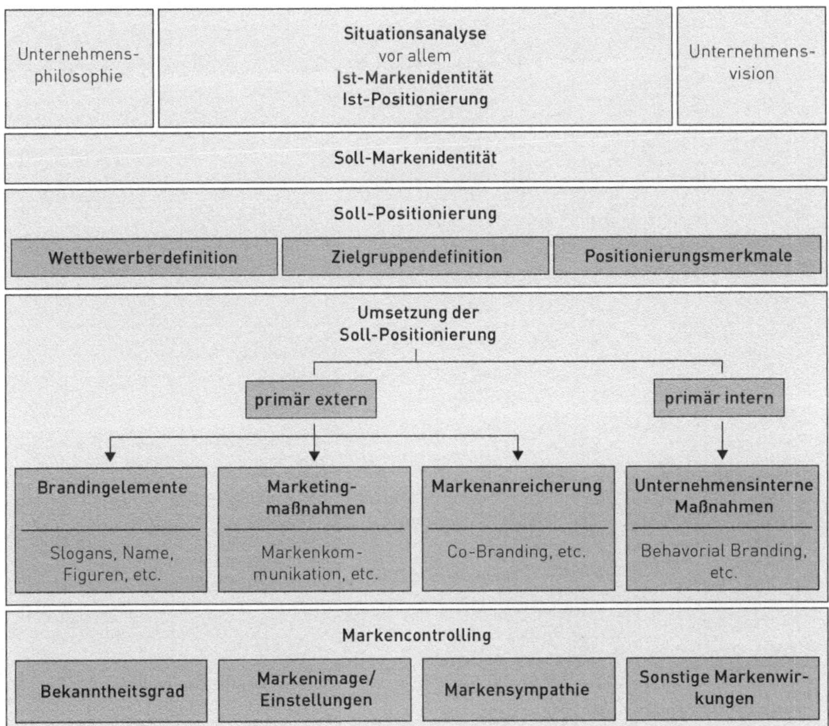

Abb. 2.1 Prozess der identitätsorientierten Markenführung. (Quelle: Eigene Darstellung in Anlehnung an Esch 2012, S. 117, 91 und 83; Aaker und Joachimsthaler 2000, S. 44; Burmann et al. 2012, S. 96; Burmann und Meffert 2005b, S. 76; Meffert et al. 2012, S. 357)

Ausgangspunkt des identitätsorientierten Ansatzes der Markenführung ist wie gezeigt die Markenidentität. Unter Markenidentität wird ganz allgemein das Selbstbild der Marke aus Sicht derjenigen Institution, die die Marke trägt, verstanden.[13] Die Ausrichtung der Markenführung an der Identität der Marke bedingt ein klares Verständnis von Begriff, Wurzeln, Inhalt und Problemfeldern der Markenidentität.

---

[13] Vgl. Burmann und Meffert, die unter Markenidentität „das Selbstbild der Marke aus Sicht der internen Zielgruppen innerhalb derjenigen Institution, die die Marke trägt" verstehen (Burmann und Meffert 2005a, S. 51). Ähnlich Esch, der formuliert: „[...] ist die Markenidentität das Selbstbild einer Marke aus Sicht der Manager des Unternehmens [...]" (Esch 2012, S. 81).

Sozialwissenschaftliche Wurzeln der Markenidentität 3

Im Rahmen dieser Arbeit kann keine Darstellung der verschiedenen Disziplinen der Identitätsforschung und der zahlreichen Identitätstheorien erfolgen, eine Beschränkung auf die für die Markenidentität notwendigen Erkenntnisse des „theoretischen Wackelpuddings"[1] Identität ist geboten. Der Begriff Identität stammt etymologisch von den lateinischen Begriffen „idem" (= dasselbe) und „identitas" (= Wesenseinheit) ab.[2] Identität wird häufig als „völlige Gleichheit" und „vollständige Übereinstimmung in allen Einzelheiten" bezeichnet.[3] Es gibt jedoch keine in der Forschung als allgemeingültig anerkannte Definition des Begriffs „Identität", er wird in Abhängigkeit von der jeweiligen Wissenschaftsdisziplin sehr heterogen verwandt.[4] Während in der Philosophie im Rahmen der formalen Logik etwas mit sich selbst identisch ist, wenn es zu jedem Zeitpunkt und in jedem Zusammenhang immer dasselbe bleibt und als dasselbe identifiziert werden kann,[5] verlangen sozialwissenschaftliche Ansätze lediglich die dauerhafte Übereinstimmung wesentlicher Merkmale und greifen in diesem Zusammenhang auf die von Aristoteles postulierte Unterscheidung in essenzielle und akzidentielle Eigenschaften zurück.[6]

Ein zentraler Bezugspunkt der sozialwissenschaftlichen Identitätsforschung, auf den sich die Markenidentität im Wesentlichen stützt, ist der Prozess des selbstreflexiven Denkens, bei dem die betreffende Person ihre Identität erst dadurch bildet,

---

[1] Schmitt-Egner 1999, S. 129. Einen Überblick über die Identitätsforschung gibt Marxhausen 2010, S. 41–54 sowie Schmitt-Egner 1999, S. 131–132 und Keupp et al. 1999, S. 63 ff.

[2] Vgl. o. V. 2001, S. 488; Hohenstein 2008, S. 9.; Burmann et al. 2012, S. 31 ff.

[3] Fröhlich 2000, S. 233.

[4] Vgl. Burmann und Meffert 2005a, S. 43 und weiterführend Haußer 1983, S. 20; Conzen 1990, S. 69 f.

[5] Vgl. Schmidt und Schischkoff 1982, S. 303.

[6] Vgl. Schmidt und Schischkoff 1982, S. 303; Blinda 2007, S. 94 f.; Fröhlich 2000, S. 233.

B. Radtke, *Markenidentitätsmodelle*, essentials, DOI 10.1007/978-3-658-04586-9_3, © Springer Fachmedien Wiesbaden 2014

dass sie ihr Wissen und ihre Erfahrungen über sich selbst verarbeitet.[7] Hieraus wird deutlich, dass Identität ein relatives Konzept ist, das nur festgestellt werden kann, wenn sich ein Mensch in Relation zu einem anderen Menschen, zu einer Gruppe von Menschen oder zu einem Objekt setzt[8], auf das in Kap. 6 eingegangen wird.

---

[7] Vgl. Burmann und Meffert 2005a, S. 44; Esch et al. 2005, S. 105.

[8] Vgl. Haußer 1995, S. 3 f.; Frey und Hauser 1987, S. 20; Haußer 1983, S. 20; Zeplin 2005, S. 12.

Kriterien, Definition und Formen der Markenidentität   **4**

Aus den maßgeblichen Arbeiten von Erikson lassen sich vier konstitutive Merkmale bzw. Kriterien der Identität ableiten, die auf die Markenidentität übertragbar sind:[1] 1. **Wechselseitigkeit:** Dies kennzeichnet den Sachverhalt, dass Identität nur in Wechselwirkung mit der Außenwelt bzw. in Interaktion mit externen Anspruchsgruppen entstehen kann und erst dadurch die Abgrenzung zu konkurrierenden Identitätsobjekten entstehen kann.[2] 2. **Individualität:** Sie beschreibt die Einmaligkeit des Identitätsobjektes, die sich durch ein einzelnes Merkmal oder durch eine Kombination von Merkmalen gegeben sein kann. 3. **Kontinuität:** Dies bedeutet die Beibehaltung wesentlicher bzw. essenzieller Merkmale einer Person oder einer Gruppe über einen längeren Zeitraum. Gehen die essenziellen Merkmale verloren, verwässert oder erlischt die Identität sogar. Im Gegensatz dazu können sich akzidenzielle Merkmale einer Person oder einer Gruppe im Zeitablauf ändern, ohne dass sich damit seine oder ihre Identität ändert bzw. ganz verloren geht.[3] 4. **Konsistenz:** Dieses Identitätselement beschreibt die Widerspruchsfreiheit der einzelnen Persönlichkeitsmerkmale. Nur eine in sich widerspruchsfreie Kombination der verschiedenen Persönlichkeitsmerkmale führt zu einer klaren Identität.

Vor diesem Hintergrund wird in Anlehnung an eine Vielzahl von Autoren[4] **Markenidentität** definiert als eine in sich widerspruchsfreie Gesamtheit der wesensprägenden, charakteristischen Merkmale einer Marke, die sie einzigartig macht

---

[1] Vgl. Burmann et al. 2012, S. 35 ff.; Burmann und Meffert 2005a, S. 46 ff. und die dort zitierte Literatur; Baumgarth 2008, S. 27; ähnlich Kapferer 1992, S. 41.

[2] Vgl. Baumgarth 2008, S. 27; Zeplin 2005, S. 17; Burmann und Meffert 2005a, S. 46; Frey und Hauser 1987, S. 17.

[3] Vgl. Zeplin 2005, S. 18; Burmann und Meffert 2005a, S. 46.

[4] Vgl. Aaker 1996, S. 68; Esch et al. 2005, S. 106; Burmann et al. 2003, S.16; Burmann und Meffert 2005, S. 49; Hohenstein 2008, S. 11; Zeplin 2005, S. 14.

B. Radtke, *Markenidentitätsmodelle*, essentials,
DOI 10.1007/978-3-658-04586-9_4, © Springer Fachmedien Wiesbaden 2014   11

und zeitlich stabil zum Ausdruck bringt, wofür sie steht bzw. stehen soll und sie von anderen Marken unterscheidet.[5]

Balmer und Kollegen unterscheiden im Rahmen ihrer Corporate Identity-Forschung fünf verschiedene Typen, Formen, Perspektiven der Identität einer Organisation, dies sich auf die Markenidentität generell übertragen lassen:[6] 1) Die **tatsächliche Identität**, die sich auf die gegenwärtig real vorhandenen, einzigartigen Attribute einer Organisation bezieht, 2) die **kommunizierte Identität**, die sowohl die kontrollierte eigene Kommunikation über die Organisation wie auch die nichtkontrollierte Kommunikation Dritter über die eigene Organisation umfasst, 3) die **wahrgenommene Identität**, die auf die Wahrnehmung der Organisation bei den Anspruchsgruppen abstellt,[7] 4) die **ideale Identität**, worunter die rational optimale Positionierung der Organisation im Markt und unter Beachtung relevanter Rahmenbedingungen zu verstehen ist, und 5) die **gewünschte Identität**, womit die von der Unternehmensführung angestrebte und in der Unternehmensvision sich ausdrückende Identität der Organisation gemeint ist, die sich durchaus von der rationalen idealen Identität unterscheiden kann.[8]

---

[5] Die Markenidentität wird auch als Substanz einer Marke bezeichnet, vgl. Kapferer 1992, S. 57.

[6] Vgl. Balmer und Greyser 2002; Balmer und Stuart 2004; Balmer 2006.

[7] Die wahrgenommene Identität wird im Rahmen dieser Arbeit als Image bezeichnet.

[8] Vgl. Balmer und Greyser 2002, S. 3–5; Balmer und Stuart 2004, S. 3–6; siehe auch Melewar und Karaosmanoglu 2006, S. 846–869.

Markenidentität verschiedener Markenobjekte 5

Ob Marken überhaupt eine Identität im sozialwissenschaftlichen Sinn haben können hängt davon ab, um welche Art von Markenobjekten es geht. Hier können vier Fälle unterschieden werden. Handelt es sich bei dem Identitätsbezugsobjekt „Marke" um ein **Individuum**, z. B. um einen Film-, Fußball- oder Musikstar oder eine sonstige Person[1] kann man die Erörterung ihrer Identität als Spezialfall der Individualidentität im sozialwissenschaftlichen Sinne bezeichnen. Handelt es sich bei dem Identitätsbezugsobjekt „Marke" um **Gruppen von Menschen**, die sich weitestgehend aufgrund der Zugehörigkeit von Menschen zu ihr definieren, wie z. B. Unternehmen, Non-Profit-Organisationen oder Parteien, kann man die Erörterung ihrer Identität als Spezialfall der Gruppenidentität im sozialwissenschaftlichen Sinne bezeichnen. Für diese beiden Fälle ist eine Feststellung der Identität im sozialwissenschaftlichen Sinne machbar.[2] Handelt es sich bei dem Identitätsbezugsobjekt „Marke" um **hochkomplexe Konstrukte**, die neben Gruppen von Menschen noch weitere konstitutive Merkmale beinhalten – wie dies z. B. bei Städten durch die geografische Lage der Fall ist – kann man deren Identität auch als Spezialfall der Gruppenidentität bezeichnen.[3] Dieser Zuordnung wird jedoch nur unter der Bedingung gefolgt, dass für diese komplexeren, suprapersonalen Marken die Identitätsproblematik durch die Hinzuziehung weiterer Identitätsaspekte, die sich aus den markenobjekt-spezifischen Besonderheiten ergeben, hinreichend ge-

---

[1] Vgl. Hennig-Thurau 2008, S. 163 ff. über Filmstars als Marken; Herzberg 2003, S. 331–358 über Fußballstars als Marken; Engh 2008, S. 137 ff. über Popstars als Marken; Woischwill 2003, S. 217–234 über Goethe als Marke.

[2] Vgl. Burmann und Meffert 2005a, S. 48.

[3] Burmann und Meffert führen auch Städte und Regionen als Gruppen bzw. soziale Systeme auf (vgl. Burmann und Meffert 2005a, S. 48).

B. Radtke, *Markenidentitätsmodelle*, essentials,
DOI 10.1007/978-3-658-04586-9_5, © Springer Fachmedien Wiesbaden 2014

13

würdigt werden muss – wie dies z. B. bei Städten durch die Berücksichtigung der sogenannten raumbezogenen Identität der Fall ist.[4]

Beim vierten Fall bezieht sich das Identitätsbezugsobjekt „Marke" auf ein **rein nicht-menschliches Objekt**, insbesondere auf Güter und Dienstleistungen, aber auch auf Ideen, Schutzrechte, leblose Zeichenbündel, etc. die streng genommen *keine* Identität im sozialwissenschaftlichen Sinne besitzen können.[5] Einhellige Meinung ist jedoch, dass auch Marken, die sich auf nicht-menschliche, leblose Objekte beziehen, mit menschlichen Charakteristika im Sinne einer Persönlichkeit assoziiert werden können.[6] Diese Betrachtung geht zurück auf Gilmores Theorie des Animismus aus dem Jahre 1919, die besagt, dass der Mensch grundsätzlich danach strebt, nicht-lebende Objekte menschliche Eigenschaften zu verleihen, da sich hieraus für ihn eine Vereinfachung der Interaktion mit den Gegenständen ergibt.[7] Die Begriffe der Persönlichkeit und der Identität sind zwar eng miteinander verwandt; beide werden jedoch häufig fälschlicherweise synonym benutzt. Identität ist umfassender zu verstehen als Persönlichkeit; Persönlichkeit ist ein Teilbereich der Identität.[8]

---

[4] Zum Begriff der raumbezogenen Identität siehe Marxhausen 2010, S. 41, 60 f.; Ebert 2004, S. 63 ff.; Werthmöller 1995, S. 35 ff.; Weichhart et al. 2006, S. 21 ff.; Weichhart 1990, S. 5 ff.

[5] Vgl. Burmann und Meffert 2005a, S. 48; Hohenstein 2008, S. 10.

[6] Vgl. Sirgy 1982, S. 287; Fournier 1998, S. 344 f.; Aaker 1999, S. 45.

[7] Vgl. Zeplin 2005, S. 13 und Hohenstein 2008, S. 10, die auf Gilmore verweisen; siehe ähnlich Plummer 2000, S. 79 ff.

[8] Vgl. Burmann et al. (2012, S. 31). Dies ergibt sich auch konsequenterweise aus den Ausführungen zu den Modellen zur Erfassung der Markenidentität, bei denen die Marken-persönlichkeit ein Teil der Markenidentität ist (vgl. Kapferer 2012, S. 158 ff.; Lobenstein 2004, S. 206 ff.; Esch 2012, S. 101 ff.).

Bei der Beschreibung der Markenidentität sind drei verschiedene Aspekte zu unterscheiden: Erstens die Bestandteile, die die Markenidentität möglichst vollständig erfassen und beschreiben,[1] zweitens die Zugänge zur Erfassung dieser Bestandteile, womit die Quellen gemeint sind, aus denen sich die Markenidentität ableiten lassen,[2] und drittens die wertende Zuordnung und Strukturierung der Markenidentität.[3] In der Literatur sind einige Ansätze zur Erfassung und Beschreibung der Markenidentität zu finden. Die wichtigsten werden im Folgenden vorgestellt, verglichen und bewertet. Praxisbeispiele für die Markenidentität oder Elemente der Markenidentität für real existierende Marken sind in der Fachliteratur relativ spärlich anzutreffen.[4]

---

[1] In der Literatur sind verschiedene Begriffe vorzufinden: Im Rahmen dieser Arbeit werden die Begriffe Dimension, Facette, Komponente, Faktor und Element synonym gebraucht, wenn es um die Bestandteile der Markenidentität geht. Wenn es um die Zugänge zur Erfassung der Marken-identität geht, werden die Begriff Perspektive, Quelle oder Zugang synonym gebraucht.

[2] Vgl. Esch (2012, S. 99 f).

[3] Siehe hierzu Homburg, der formuliert: „Der Markenkern repräsentiert in kompakter Form die Identität der Marke" und somit die Sinnhaftigkeit und Notwendigkeit einer wertenden Strukturierung der Markenidentität implizit bestätigt, Homburg (2012, S. 615).

[4] Beispiele sind: Adidas, abgebildet in Aaker und Joachimsthaler (2000, S. 184–186) und Riedmüller und Höld (2008, S. 81); Aspirin, abgebildet in Homburg (2012, S. 617); Audi, in Schuhwirth (2008, S. 148); Black Velvet Whiskey, in Aaker (1996, S. 92); BMW, in Esch (2012, S. 98) und Bagusat und Müller (2008, S. 322 f.); Body-Shop, in Burmann und Meffert (2005a, S. 62); Jack Daniels, in Esch (2012, S. 102) und Kapferer (2012, S. 171); Lacoste, in Kapferer (2012, S. 163) und Esch (2012, S. 100); L. L. Bean, in Aaker und Joachimsthaler (2000, S. 68–71); McDonald's, in Aaker (1996, S. 90) und Esch (2012, S. 96); MTV, in Keller et al. (2008, S. 120); Nike, in Aaker (1996, S. 91) und Aaker und Joachimsthaler (2000, S. 173); Polo Ralf Lauren, in Kapferer (2012, S. 163) sowie Virgin, in Aaker und Joachimsthaler (2000, S. 34–37).

B. Radtke, *Markenidentitätsmodelle*, essentials, DOI 10.1007/978-3-658-04586-9_6, © Springer Fachmedien Wiesbaden 2014

6.1 Der Ansatz von Kapferer

Das 1992 entwickelte Identitätsprisma des Franzosen Jean-Noël Kapferer gilt als das älteste Modell zur Erfassung der Markenidentität.[5] Kapferer betrachtet die Markenidentität unter zwei Aspekten, die insgesamt sechs Dimensionen der Markenidentität ergeben. Unter dem Aspekt *Verankerung* lassen sich auf der einen Seite drei Dimensionen identifizieren, die externer Natur sind (Erscheinungsbild, Marke-Kunde-Beziehung und Bild des typischen Markennutzers) und auf der anderen Seite drei Dimensionen, die interner Natur sind (Markenpersönlichkeit, Markenwerte und Selbstbild der Markennutzer). Parallel dazu analysiert Kapferer die Markenidentität unter dem Aspekt eines *Kommunikationsmodells*. Hier beziehen sich zwei Dimensionen explizit auf den Sender, d. h. den Markeninhaber (Erscheinungsbild und Markenpersönlichkeit) und zwei Dimensionen explizit auf den Empfänger, d. h. den Markennutzer (Bild des typischen Markennutzers und Selbstbild der Markennutzer).[6] (siehe Abb. 6.1)

Das *Erscheinungsbild* umfasst alle objektiven, physischen Merkmale einer Marke, die von den Konsumenten wahrgenommen werden können. Es geht um die wesentlichen Produkteigenschaften und Produktnutzen.[7] Unter der *Markenpersönlichkeit* sind alle menschlichen Eigenschaften zu verstehen, die mit einer Marke verbunden werden können.[8] Die dritte Dimension der Markenidentität ist die *spezifische Kultur* der Marke. Kapferer meint damit das grundlegendende Wertesystem einer Marke, das eine zentrale Rolle für die Differenzierung der Marke gegenüber anderen Marken spielt, weil es sich auf unkopierbare Quellen und fundamentale, originäre Ideen bezieht.[9] Als weitere Dimension führt Kapferer die *Art der Beziehung* zwischen der Marke und den Nutzern an. Es geht hier aber auch um die Rolle der Marke in den Beziehung zwischen Menschen, d. h. um Signale, die die Nutzer bei zwischenmenschlichen Interaktionen aussenden, wenn sie die Marke

---

[5] Vgl. Esch et al. (2005, S. 111); Kapferer (2012, S. 149); Müller (2012, S. 6).

[6] Vgl. Kapferer (1992, S. 50 ff.); Kapferer (2012, S. 158 ff.), insbesondere (S. 163).

[7] Kapferer formuliert: „Physique is both the brand's backbone and its tangible added value." Kapferer (2012, S. 158); siehe auch Kapferer (1992, S. 50 ff.; Esch et al. 2005, S. 111).

[8] „A brand has a personality. By communicating, it gradually builds up character", Kapferer (2012, S. 159; siehe auch Kapferer 1992, S. 51; Esch et al. 2005, S. 112).

[9] „The cultural facet [...] is the most important facet of brand identity. [...]." Kapferer (2012, S. 159 f.); in der 4. Ausgabe formuliert Kapferer „The cultural facet refers to the basic principles governing the brand. [...] This essential aspect is at the core of the brand" (Kapferer 2008, S. 184; siehe ähnlich Kapferer 1992, S. 52; Esch et al. 2005, S. 112; Esch 2012, S. 99).

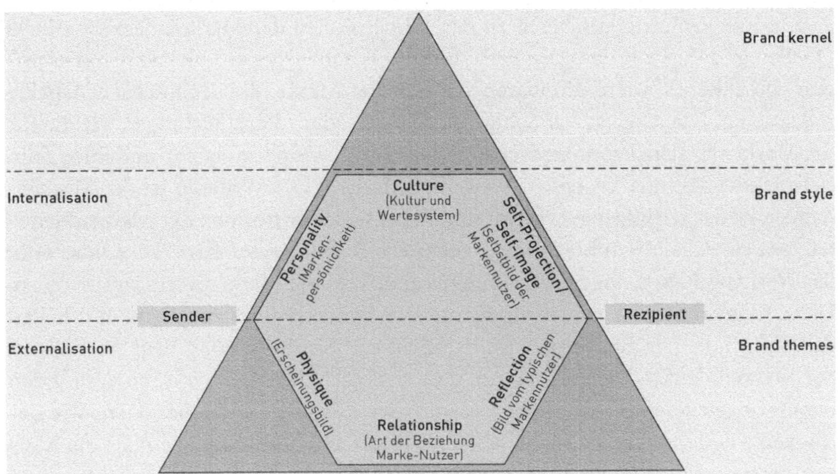

Abb. 6.1 Markenprisma und Markenpyramide von Kapferer. (Quelle: Eigene Darstellung in Anlehnung an Kapferer 2012, S. 158, 259)

verwenden.[10] Das auf Reflektionen basierende *Bild der Konsumenten vom typischen Nutzer der Marke* ist eine weitere Dimension der Markenidentität. Hierzu zählen alle Assoziationen, die die Konsumenten mit der von ihnen vermuteten Zielgruppe der Marke verbinden. Dies darf nicht verwechselt werden mit der Definition der tatsächlichen Zielgruppe aus Sicht des Markeninhabers.[11] Die sechste und letzte Dimension ist das *Selbst-Image des Kunden*. Es geht um die (Wunsch)Vorstellungen, Selbstprojektionen, Einstellungen und interne Reflektionen der Kunden der Marke, die sie von sich selbst bei der Nutzung der Marke haben.[12]

---

[10] Kapferer führt aus, dass diese Facette insbesondere bei Dienstleistungs- und Handelsunternehmen von großer Bedeutung ist (vgl. Kapferer 1992, S. 53; Kapferer 2012, S. 161 f.; Esch et al. 2005, S. 112). Die Beziehungsdimension ist von großer Bedeutung, denn „this facet defines the mode of conduct that most identifies the brand", Kapferer (2012, S. 162).

[11] „[…], a brand will always tend to build a reflection or an image of the buyer or user which it seems to be adressing" (Kapferer 2012, S. 162). Diese Facette birgt große Verwechslungsgefahren. „Many managers continue to require advertising to show the targeted buyers as the really are, ignoring the fact, that they don't want to be portrayed as such, but rather as they wish to be" (Kapferer 2012, S. 162; siehe auch Kapferer 1992, S. 53; Esch et al. 2005, S. 113).

[12] Kapferer beschreibt als Beispiel Lacoste-Nutzer, die sich selbst in ihrem inneren Vorstellungsbild als Mitglied eines eleganten Sportclubs sehen, aber in der Realität oft gar keinen Sport betreiben (vgl. Kapferer 2012, S. 162 f.; Kapferer 1992, S. 54; siehe auch Esch et al. 2005, S. 113; Esch 2012, S. 99; de Chernatony 2010, S. 247).

Kapferer erläutert zusätzlich zu den Dimensionen der Markenidentität etliche Quellen und Zugänge zu deren Erfassung.[13] Als naheliegende Quellen nennt er primär die äußeren, wahrnehmbaren Aspekte der Marke, die die internen Aspekte reflektieren. Die Analyse der Schlüsselprodukte oder -dienstleistungen wie die für die Marke typische Produktbeschaffenheit, Farbe, Verpackung etc. enthüllen zum Beispiel die dahinter liegenden Werte der Marke.[14] Des Weiteren ist der Markenname eine der wichtigsten Quellen und Repräsentationsformen der Markenidentität.[15] Auch visuelle Symbole und Logos wie z. B. die drei Streifen von Adidas oder das Nest von Nestlé helfen, die Markenkultur und die Markenwerte zu verstehen. Diese fungieren nicht nur als markante Wiedererkennungsmerkmale und helfen den Konsumenten die Marke zu identifizieren; ihre Bedeutung liegt im Kontext der Markenidentität vielmehr darin, dass sich auch die Marke mit ihnen und den daraus abgeleiteten Assoziationen identifiziert. Figuren und Charaktere wie das Michelin-Reifenmännchen oder der Esso-Tiger symbolisieren ebenfalls die Markenidentität, sie verkörpern und versinnbildlichen die Markenpersönlichkeit und die Markenwerte. Eine weitere Quelle zur Erfassung der Markenidentität ist die Werbung. Die Kommunikationsinhalte und der Kommunikationsstil reflektieren die Persönlichkeit des Markeninhabers als Sender und den typischen Markennutzer als Adressat der Kommunikation sowie die Art der Beziehung, die die Marke zu den Kunden aufbauen möchte. Als weitere Quellen führt Kapferer geografische und historische Wurzeln sowie den Gründer der Marke auf.[16]

Die Strukturierung der Markenidentität ist nach Kapferer notwendig, um eine Balance zwischen Stabilität und Veränderung managen zu können. Er verwendet in Erweiterung der Prismadarstellung ein Pyramidenmodell mit drei Ebenen.[17] An

---

[13] Ergänzend ist zu erwähnen, dass laut Kapferer selbst bei bekannten und erfolgreichen Marken die Markenidentität nicht von Beginn an niedergeschrieben ist, sondern nachträglich erfasst werden muss, wenn man mit dem Prozess der identitätsorientierten Markenführung beginnt (vgl. Kapferer 2012, S. 164 f.), etwas umfangreicher Kapferer (2008, S. 189).

[14] Kapferer führt als Beispiel Benetton auf, bei dem die Vielfarbigkeit der Produkte nicht nur ein elementarer Produktbestandteil ist (Identitätsfacette Physique), sondern auch Werte wie Multikulturalität, Toleranz und Freundschaft symbolisiert (Identitätsfacette Culture) und betont, dass alle Identitätsfacetten eng miteinander verknüpft sein müssen (vgl. Kapferer 2012, S. 166).

[15] Seine Wahl basiert oft auf zentralen Intentionen, die die Markeninhaber mit der Marke verfolgen und hat die Fähigkeit, das Kompetenzterritorium zu reklamieren, das die Marke für sich beansprucht (vgl. Kapferer 2012, S. 167 f).

[16] Vgl. Kapferer (2008, S. 168–170).

[17] Vgl. Kapferer (2012, S. 258 ff. und 246 ff). Diese Strukturierung ist bislang in der deutschen Markenliteratur, insofern diese Kapferers Ansatz überhaupt wiedergibt, nicht zu finden, siehe z. B. (Esch 2012, S. 97–99; Baumgarth 2008, S. 27; Esch et al. 2005, S. 111–113).

der Spitze der Pyramide steht der *Markenkern,* der als genetischer Code die Wurzeln der Marke und die Basis aller Identitätsfacetten darstellt und die gesamte Markenidentität inspiriert. Insbesondere die Analyse der Markenhistorie, des Markenerbes und der Markenwerte eignen sich, um Elemente des Markenkerns zu identifizieren.[18] Im Markenkern wird laut Kapferer detailliert definiert, welche Besonderheiten und Einzigartigkeiten der Marke, die aus Elementen aller Identitätsfacetten stammen können, für die Marke dauerhaft unveränderbar und unverhandelbar sind.[19] Die zweite Ebene bezeichnet er als *Markenstil.* Hier sind die inneren Identitätsdimensionen Markenkultur/Markenwerte, Markenpersönlichkeit und Selbst-Image der Markennutzer angesiedelt. Kapferer spricht vom stilistischen Code, der die Art und Weise ausdrückt, wie die Marke kommuniziert und welche Bilder sie transportiert, und der die Wahrnehmung der Marke durch die Konsumenten stark prägt. Er ist *nicht* für alle Zeiten unveränderbar, aber dennoch relativ stabil und für einen längeren Zeitraum festgelegt und bildet die Brücke zu der dritten Ebene, die Kapferer als *Markenthemen* bezeichnet. Auf dieser Stufe sind die nach außen gerichteten, sichtbaren und tangiblen Identitätsdimensionen Erscheinungsbild der Marke, Art der Marke-Kunde-Beziehung und Bild des typischen Nutzers angesiedelt. Diese Ebene ist relativ flexibel. Die Auswahl der Themen muss bzw. kann sich, ohne die Markenidentität zu beschädigen, immer wieder an neue Gegebenheiten anpassen und verän-dern.[20] Als weiteren, jedoch nicht zwingend notwendigen, Aspekt der wertenden Strukturierung der Markenidentität beschreibt Kapferer in seiner 4. Auflage, jedoch nicht mehr in seiner 5. Auflage, die *Markenessenz.*[21]

---

[18] Vgl. Kapferer (2012, S. 159 und 254; Kapferer 2008, S. 185 und 286).

[19] Kapferer formuliert rigoros: „Changing it means building another brand" (Kapferer 2008, S. 292); ähnlich in der 5. Auflage, in der Evian als Beispiel heranzieht: „Without them, it would be another brand" (Kapferer 2012, S. 259). Wenn bei Coca-Cola z. B. die dunkle Farbe als Facette der physischen Markenidentität gilt und zum Markenkern gehört, dann darf sie nicht verändert werden und es kann niemals farbloses Coca-Cola geben, wie es im Gegensatz dazu z. B. bei Crystal Pepsi der Fall ist (vgl. Kapferer 2012, S. 159).

[20] Vgl. Kapferer (2008, S. 258 f., 254 f., 246 f.).

[21] Darunter versteht er eine zusammenfassende Formulierung der gesamten Markenidentität, die dem Wunsch nach Vereinfachung Rechnung trägt. Es soll Antworten auf die Fragen „Für was steht die Marke?" und „Was verkauft die Marke im Grunde eigentlich?" gefunden werden. Kapferer weist auf die Probleme einer solchen sprachlichen Zusammenfassung hin und bezweifelt deren Nutzen. „As such, to understand a brand one really needs the full identity prism [...] (Kapferer 2008, S. 198).

6.2 Der Ansatz von Aaker

Erst 1996, also vier Jahre nach Kapferer, entwickelte der US-Amerikaner David Aaker seinen Ansatz der Markenidentität, den er im Jahr 2000 gemeinsam mit Erich Joachimsthaler leicht modifiziert und verfeinert.[22] Nach Aaker ist die Markenidentität „a unique set of brand associations that [...] represent what the brand stands for and imply a promise to customers from organisation members."[23] Aaker erfasst die Identität einer Marke aus vier möglichen Perspektiven – die Marke als Produkt, als Organisation, als Person sowie als Symbol – die insgesamt zwölf Dimensionen umfassen können, aber nicht müssen (siehe Abb. 6.2).[24]

Bei der Perspektive *Marke als Produkt* führt Aaker sechs verschiedene Dimensionen auf, die produktbezogene Assoziationen zur Marke darstellen.[25] Es handelt sich hierbei um den Produktanwendungsbereich bzw. die Produktkategorie, zu der die Marke gehört, die Produkteigenschaften, die einen funktionalen und manchmal auch einen emotionalen Nutzen bei den Kunden stiften, die wahrgenommene Produktqualität und der von den Kunden dem Produkt zugemessene Wert, der Kontext der Produktverwendung bzw. die Nutzungsmöglichkeiten des Produktes, der typische Verwender bzw. die Charaktereigenschaften, die man mit diesem verbindet, und schließlich die Verbindung zum Herkunftsland bzw. zur Herkunftsregion, die dazu führen kann, das dem Produkt eine höhere Qualität zugeschrieben wird.[26] Die Perspektive *Marke als Organisation* fokussiert auf die Attribute und

---

[22] Vgl. Aaker 1996, S. 78 ff.; Aaker und Joachimsthaler 2000, S. 43 ff.

[23] Aaker 1996, S. 68; Aaker und Joachimsthaler 2000, S. 43. Aaker erläutert ferner die primäre Aufgabe der Markenidentität: „Brand identity should help establish a relationship between the brand and the customer by generating a value proposition involving functional, emotional or self-expressive benefits" (Aaker 1996, S. 68).

[24] Wichtig ist ein Zusatz, der in der deutschen Markenliteratur kaum erwähnt wird: „Not every brand identity needs to employ all or even several of these perspectives. For some brands, only one will be viable and appropriate. Each brand should, however, consider all of the perspectives and use those that are helpful in articulating what the brand should stand for in the costumer's mind" (Aaker 1996, S. 78) sowie ergänzend und noch präziser (Aaker und Joachimsthaler 2000, S. 57). Informativ ist ferner eine Auflistung, was die Markenidentität nicht ist und man auf jeden Fall bei der Entwicklung der Markenidentität vermeiden sollte (vgl. Aaker 1996, S. 69 ff).

[25] Er betont, dass eine Marke mehr ist als ein Produkt und man bei der Erfassung der Markenidentität den Fokus nicht zu stark auf die Produktassoziationen legen darf. Dennoch ist der Produktbezug für die Definition der Markenidentität eine wesentliche Quelle (vgl. Aaker 1996, S. 72–76, S. 80 f).

[26] Vgl. Aaker (1996, S. 78–82). Esch wie auch Esch/Langner/Rempel bezeichnen die Dimension Produktanwendungsbereich als Sortimentsbreite (Esch 2012, S. 96; Esch et al. 2005, S. 114; ebenso Hohenstein 2008, S. 12; Kühne 2008, S. 41). Bei der Dimension Produktqualität

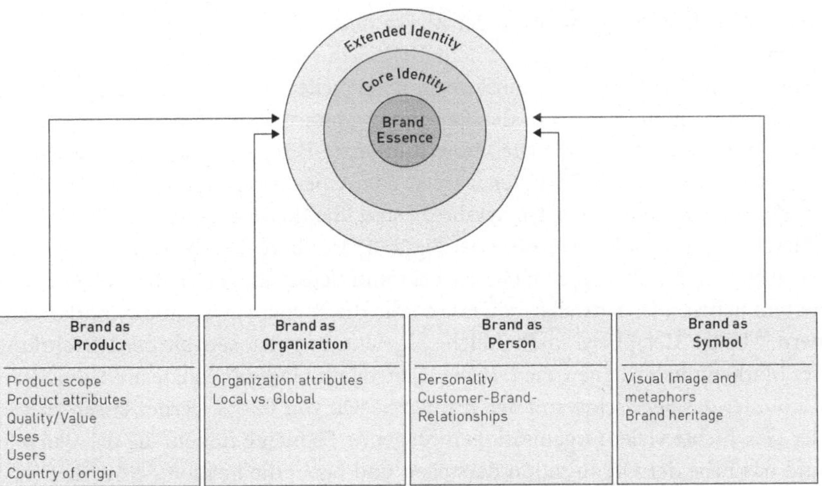

Abb. 6.2 Markenidentitätsmodell von Aaker. (Quelle: Eigene Darstellung in Anlehnung an Aaker und Joachimsthaler 2000, S. 44)

Assoziationen, die aus der Organisation bzw. dem Unternehmen heraus mit der Marke verbunden werden können. Aaker führt aus, dass diese stabiler, dauerhafter und weniger anfälliger gegenüber Konkurrenzansprüchen sind als produktbezogene Eigenschaften. Er nennt hier explizit Kunden- und Innovationsorientierung, Qualitätsstreben und Umweltschutz, die sich sowohl aus unternehmensangehörigen Personen wie auch aus der Kultur, den Werten, Kernkompetenzen oder Programmen des Unternehmens speisen können sowie die Festlegung der räumlichen Ausrichtung des Unternehmens.[27] Die *Marke als Person* zu betrachten stellt die dritte Perspektive dar. Unter Markenpersönlichkeit werden auch von ihm alle menschlichen Eigenschaften verstanden, die mit einer Marke verbunden werden können. Aaker betont, dass die Markenidentität durch das Hinzufügen der Dimension Markenpersönlichkeit reicher und interessanter wird und die Marke dadurch stärker gemacht werden kann.[28] Die Markenpersönlichkeit kann die Grundlage

---

bezieht Aaker explizit die Preisdimension ein und bei der Dimension Typischer Verwender weist er auf die enge Verbindung zur Perspektive die Marke als Person bzw. zur Dimension Persönlichkeit hin und bei der letzten Dimension handelt es sich um den country-of-origin-effect (vgl. Aaker 1996, S. 78–82).

[27] Vgl. Aaker 1996, S. 82 f. und 115–136; Esch et al. 2005, S. 114 f.

[28] Wie Personen können Marken wahrgenommen werden als bodenständig, temperamentvoll, zuverlässig, charmant, zäh etc. (vgl. Aaker 1996, S. 83 f.).

sein für die Beziehung zwischen der Marke und deren Nutzer. Die Assoziationen, die man mit einer Beziehung zu einem Menschen verbinden kann – z. B. eine herzliche Freundschaft, eine emotionslose, professionelle Geschäftsbeziehung oder eine Verehrung – können auch in der Beziehung Marke – Nutzer entstehen und Teil der Markenidentität sein.[29] Die vierte und letzte Perspektive ist die Betrachtung der *Marke als Symbol*. Darunter werden alle Aspekte verstanden, die die Marke repräsentieren. Unter visuellen Symbolen sind Identitätselemente wie z. B. Zeichen (Mercedes-Stern, Nike-Swoosh) oder Figuren (Marlboro-Cowboy, Meister Proper) zu verstehen, die über einen längeren Zeitraum Verbindungen zu den Nutzern hergestellt haben oder herstellen sollen und die die Nutzer sofort an die Marke erinnern.[30] Unter Metaphern sind bildliche Elemente zu verstehen, die der Vermittlung der Markeninhalte dienen wie z. B. die „Canyon und Pferde" – Bilderwelt von Marlboro oder das Segelschiff mit den grünen Segeln von Beck's. Ferner lassen sich in der Geschichte vieler Organisationen prägende Elemente finden, die die Wurzeln und das Erbe der Organisation darstellen und bis in die heutige Zeit wirken und darüber hinaus wirken sollen.[31]

Aaker ergänzt sein Modell um Aussagen über die Strukturierung der Markenidentität und kreiert von innen nach außen angeordnete Kreise. Während sein Ansatz aus dem Jahr 1996 nur zwischen der Kernidentität (core identity) und der erweiterten Markenidentität (extended identity) unterscheidet, wird im Jahr 2000 die Markenessenz (brand essence) als drittes Strukturelement und innerster Bereich der Markenidentität hinzugefügt.[32] Die *Kernidentität* umfasst die zentralen, zeitlosen Elemente einer Marke, die unter allen Umständen, so z. B. auch bei Markendehnungen, unverändert beibehalten werden sollen. Sie beinhaltet die wichtigsten Elemente aus zwei bis vier Dimensionen, darunter in jedem Fall die Grundwerte, reflektiert die Firmenstrategie und fasst die Markenvision kompakt und prägnant

---

[29] Vgl. Aaker 1996, S. 83 f. sowie S. 141 ff.

[30] Weitere Beispiele sind typische Produktformen (Maggi-Flasche, Sunkist-Pyramide), Hausfarben (Mc- Donalds-Gelb, Aral-Blau), Logos (Deutsche Bank, Shell) etc. Slogans werden von Aaker nicht explizit erwähnt (vgl. Aaker 1996, S. 84 f).

[31] Vgl. Aaker (1996, S. 84 f). Diese Dimension kann nach Aaker einen wichtigen Beitrag zu einer lebendigen und kraftvollen Markenidentität leisten, ähnlich (Esch et al. 2005, S. 115 f). Zur Unterscheidung Markenerbe, Markenherkunft und Markenhistorie siehe (Burmann und Meffert 2005a, S. 58 und Blinda 2003, S. 36 ff.).

[32] Vgl. Aaker (1996, S. 68 f. und S. 85–92). Aaker beschreibt 1996 die Kernidentität als „the central, time-less essence of the brand" (Aaker 1996, S. 68). Erst vier Jahre später fügt er „brand essence" als eigenständiges, drittes Strukturelement der Markenidentität hinzu (vgl. Aaker und Joachimsthaler 2000, S. 43–47).

zusammen.[33] Um die Kernidentität herum liegt die *erweiterte Markenidentität*. Sie besteht aus all denjenigen Dimensionen und Elementen, die zwar nicht in der Kernidentität angesiedelt sind, aber das Wesen, das Gefüge und das Verständnis der Marke vervollständigen, anreichern und präzisieren. Sie können bei Bedarf im Zeitablauf verändert und äußeren Umständen angepasst werden. Als Beispiele werden genannt die Markenpersönlichkeit und Spezifizierungen, was die Marke *nicht* ist. Ebenfalls zur erweiterten Markenidentität zählen Elemente der Markenkommunikation wie Logos und Slogans.[34]

Die *Markenessenz* als innerster Kreis der Markenidentität soll eine noch höhere Fokussierung bringen. Sie fasst den Kern und die Seele der Marke zu einem einzigen Gedanken zusammen.[35] Sie soll jedoch nicht primär die einzelnen Elemente verdichten, sondern vielmehr in einem griffigen, inspirierenden Satz formulieren, was die verschiedenen Elemente miteinander verbindet und wie ein Klebstoff zusammenhält und auch dauerhaft von den Wettbewerbern unterscheidet. Ihre primäre Aufgabe ist den internen Zielgruppen innerhalb der Organisation zeitlose motivierende Orientierung zu geben.[36]

6.3 Der Ansatz von Burmann

Die beiden Vorgängermodelle des Ansatzes des Deutschen Christoph Burmann, die beiden Ansätze von Meffert und Burmann aus den Jahren 1996 und 2002, bauen auf die Überlegungen zur Markenidentität von Kapferer sowie Aaker und auf die Arbeiten von Keller zum Markenimage auf.[37] Im Jahre 2003 erfolgte dann

---

[33] Vgl. Aaker und Joachimsthaler (2000, S. 43–45). Die Begriffe Grundwerte, Vision und Strategie kommen jedoch bei der Auflistung der einzelnen Dimensionen und Elementen nicht vor. Die Kernidentität ergibt sich aus der Beantwortung folgender Fragen: Was ist die Seele der Marke? Was sind die fundamentalen Überzeugungen und Werte, die die Marke antreiben? Was sind die Kompetenzen der Organisation hinter der Marke? Für was steht diese Organisation? (vgl. Aaker 1996, S. 87).

[34] Vgl. Aaker und Joachimsthaler 2000, S. 43 f.; Aaker 1996, S. 68 f. und 85–92; Esch et al. 2005, S. 113.

[35] Es wird jedoch auch klar betont: „In some cases, it is not feasible or worthwile to develop a brand essence, but in others it can be a powerful tool" (vgl. Aaker und Joachimsthaler 2000, S. 45 f.).

[36] Vgl. Aaker und Joachimsthaler 2000, S. 46 f.

[37] Der Ansatz von Meffert und Burmann aus dem Jahr 1996 bestand aus dreizehn Elementen, die sinngemäß den vier Aakerschen Markenidentitätsdimensionen Produkt, Organisation, Person und Symbol hätten zugeordnet werden können, was aber nicht erfolgte (vgl. Meffert und Burmann 1996, S. 35 ff.) Hinzu kam in Erweiterung zu Aaker die Markenphilosophie,

durch Burmann eine konzeptionelle Weiterentwicklung der bisherigen identitäts*orientierten* Ansätze der Markenführung zum sogenannten identitäts*basierten*
Ansatz der Markenführung.[38] Der Ansatz von Burmann und die beiden Ansätze
von Meffert/Burmann decken sich weitestgehend im grundsätzlichen Verständnis
der Markenidentität; bei der Frage, aus welchen Elementen die Markenidentität
sich zusammensetzt, bestehen jedoch Unterschiede. Nach Burmann bzw. Arbeiten
von ihm und seinen Schülern[39] lassen sich auf Basis der sozialwissenschaftlichen
und psychologischen Identitätsforschung sechs konstitutive Komponenten identifizieren, die eine umfassende Beschreibung der Markenidentität ermöglichen (siehe Abb. 6.3).[40]

Die *Markenherkunft* bildet das Fundament der Markenidentität und ist für die
Markenführung von hoher Relevanz. Damit werden vom Management ausgewähl-
te, wesentliche Aspekte der Markenhistorie bezeichnet, die wiederum sämtliche
vergangenen Ereignisse umfasst, die mit der Marke in Verbindung gebracht werden
können.[41] Die Markenherkunft ist eine mittelbar gestaltbare Identitätskomponente
und hat drei verschiedene Facetten: Die regionale, die kulturelle sowie die institu-
tionelle Herkunft.[42] Die *Markenvision* ist auf der Zeitachse betrachtet das Gegen-
stück zur Markenherkunft. Sie gibt die langfristige zukünftige Entwicklungsrich-
tung vor und stellt vor allem für die interne Zielgruppe eine wichtige Motivation
und Orientierung dar.[43] Sie kann eine hohe Identifikationskraft entfalten und wirkt
durch das Antizipieren des Zukunftsverhaltens identitätsstiftend. Die Markenvi-

---

die wie bei Kapferer als Kern der Markenidentität bezeichnet wurde (vgl. Meffert und Burmann 1996, S. 40 und Kapferer 1992, S. 111). Im Meffert und Burmanns Ansatz von 2002
kam dann das Element Typischer Verwender hinzu. Ferner verwendeten sie nun explizit die
gleichen Dimensionsbezeichnungen wie Aaker (vgl. Meffert und Burmann 2002, S. 49 ff; siehe hierzu Kapferer 1992, S. 39 ff.; Aaker 1996, S. 7 ff. und 67 ff.; Keller 1993, S. 1 ff.; siehe auch
Esch et al. 2005, S. 116).

[38] Vgl. Burmann et al. 2003, S. 1; Blinda 2003, S. 12.

[39] Vgl. Burmann et al. 2003, S. 17; Blinda 2003, S. 10 ff.; Blinda 2007; S. 6–8; Zeplin 2005,
S. 14 f.; Burmann und Stolle 2007, S. 8 f.; Jost-Benz 2009, S. 8 f. Siehe auch Burmann und
Meffert 2005a, S. 57 ff.

[40] Bei der Darstellung wird der von Blinda gewählten Reihenfolge gefolgt, die gegenüber derjenigen von (Burmann und Meffert 2005a, S. 57) etwas abweicht, aber sinnvoll begründet ist
(vgl. Blinda 2007, S. 103; siehe ebenso Burmann et al. 2012, S. 42 ff).

[41] Vgl. Blinda 2003, S. 39; siehe hierzu auch Buss 2006, S. 203 ff.

[42] Vgl. Burmann et al. 2003, S. 18–20; Burmann und Meffert 2005a, S. 58 f.; Blinda 2007,
S.103–105; Burmann et al. 2012, S. 45 ff.

[43] Vgl. Burmann et al. 2012, S. 49 f.; in diesem Zusammenhang wird von einem Zeitraum von
fünf bis zehn Jahren gesprochen (vgl. auch Burmann et al. 2003, S. 22).

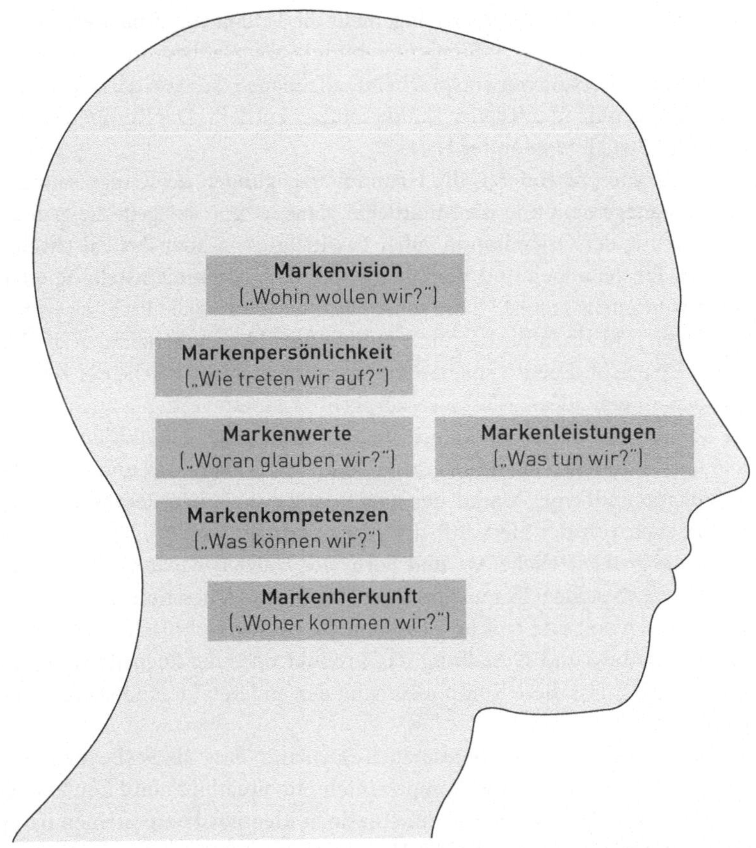

Abb. 6.3 Markenidentitätsmodell von Burmann. (Quelle: Eigene Darstellung in Anlehnung an Burmann und Meffert 2005a, S. 57; Burmann et al. 2003, S. 7; Blinda 2007, S. 103; Burmann et al. 2012, S. 44)

sion bezieht sich auf einen zukünftig zu erreichenden Soll-Zustand der Markenidentität.[44]

Markenkompetenzen sind die spezifischen Fähigkeiten einer Organisation zur marktgerechten Kombination von Ressourcen.[45] Darunter ist nicht nur die Pro-

---

[44] Weidenfeld postuliert: „Zukunft formt Identität" (Weidenfeld 1983, S. 18; siehe auch Burmann et al. 2003, S. 22; Burmann und Meffert 2005a, S. 61; Blinda 2007, S. 105).

[45] Blinda verwendet in einer späteren und detaillierter auf diese Komponente eingehende Arbeit den Begriff Markenführungskompetenzen (vgl. Blinda 2007, S. 105 ff).

duktqualität zu verstehen, sondern allgemein die Fähigkeit, vorhandene Ressourcen in der Organisation so zu kombinieren und veredeln, bzw. nicht vorhandene, aber notwendige Ressourcen entsprechend aufzubauen, so dass daraus ein gegenüber der Konkurrenz überlegener Kundennutzen entsteht. Die Kompetenzen sind jedoch grundsätzlich temporärer Natur.[46]

Markenwerte repräsentieren die Grundüberzeugungen der Organisation, das, woran das Management und die Mitarbeiter glauben, und spiegeln die grundsätzliche Auffassung der Organisation „über das Richtigsein oder das Falschsein von bestimmten Einstellungen und Verhalten wider bzw. ob eine Einstellung oder ein Verhalten wünschenswert ist."[47] Sie sollen wichtige emotionale Facetten zum Ausdruck bringen und einen Bezug zum symbolischen Nutzen haben, den die Marke zu leisten verspricht. Ebenso sollen die Markenwerte die Wünsche der relevanten Zielgruppen an eine ideale Marke verkörpern.[48] Marken verfügen auch Burmann zufolge über „menschliche Merkmale" im Sinne einer eigenen *Persönlichkeit*. Diese Persönlichkeitsmerkmale finden ihren Ausdruck im verbalen und nonverbalen Kommunikationsstil einer Marke, der stark von den typischen Repräsentanten der Marke wie auch von der Herkunft der Marke geprägt wird.[49] Unter *Markenleistungen* ist die grundsätzliche Art und Form der Nutzbarmachung der Marke für den Kunden zu verstehen. Es muss festgelegt werden, welchen funktionalen Nutzen die Marke bieten soll und welche Beschaffenheit sowie technisch-qualitative und visuelle Ausstattung und Gestaltung das Produkt oder die Dienstleistung haben muss. Wichtig ist, dass diese Komponente mit den anderen Identitätskomponenten kompatibel ist.[50]

Wie Aaker/Joachimsthaler betont auch Burmann, dass die Festlegung der Bedeutung der einzelnen Identitätskomponenten nur situations- und kontextabhängig erfolgen kann. Der Stellenwert der einzelnen Identitätskomponenten hängt ab von der Produktkategorie, der Art des Hauptnutzens, der Zielgruppenstruktur und der Markenidentität der Hauptwettbewerber.[51] Burmann verzichtet im Gegensatz

---

[46] Vgl. Burmann et al. 2012, S. 50 ff.; Burmann et al. 2003, S. 20 f.; Burmann und Meffert 2005a, S. 59 f.; Blinda 2007, S. 106 f.

[47] Blinda 2007, S. 108; siehe ausführlich Burmann et al. 2012, S. 52 ff.

[48] Ferner werden die Markenwerte erst dann als authentisch empfunden, wenn sie von den Mitarbeitern der Organisation tagtäglich gelebt werden (vgl. Burmann et al. 2003, S. 22 f.; Burmann und Meffert 2005a, S. 62 f.; Blinda 2007, S. 107 f).

[49] Vgl. Burmann et al. 2012, S. 54 ff., die fragen: „Wie kommunizieren wir?"

[50] Vgl. Burmann et al. 2003, S. 21 f.; Burmann und Meffert 2005a, S. 60 f.; Blinda 2007, S. 109; Burmann et al. 2012, S. 56 ff., deren Frage lautet: „Was vermarkten wir?"

[51] Vgl. Burmann und Meffert 2005a, S. 64 f.; Aaker und Joachimsthaler 2000, S. 57.

zu Kapferer und Aaker explizit und mit Begründung (noch) auf eine wertende Strukturierung der Markenidentität.[52]

6.4 Der Ansatz von Esch

Der Markenidentitätsansatz des Deutschen Franz-Rudolf Esch stellt eine Weiterentwicklung des von icon added value entwickelten Markensteuerrads dar. Beide Ansätze haben ihren Ausgangspunkt in der Erkenntnis, dass Wissensstrukturen im Gehirn in zwei verschiedenen, aber miteinander verbundenen Hemisphären gespeichert werden, was einen guten Anhaltspunkt zur Strukturierung der Markenidentität darstellt.[53] Beim icon-Markensteuerrad ergeben sich vier Quadranten, wobei die beiden linken die rationalen und die beiden rechten die emotionalen Dimensionen repräsentieren.[54] Esch präzisiert die vier Quadranten von icon added value, verzahnt sie miteinander und fügt im Zentrum noch eine fünfte Dimension hinzu (siehe Abb. 6.4).

Auf der rationalen, sprachlichen Seite der Markenidentität stehen die beiden Dimensionen Markenattribute und Markennutzen. Die Trennung dieser beiden Aspekte ist wichtig, da Kunden einen Produktnutzen kaufen, der jedoch durch entsprechende Produkteigenschaften begründbar sein muss. Bei der Dimension *Markennutzen* kann man grundsätzlich zwischen sachlich-funktionale Nutzen und psychosoziale Nutzen unterscheiden. Bei der Dimension *Markenattribute* wird unterschieden in Eigenschaften des Produkts und Eigenschaften der Organisation. Wichtig ist, eine Ziel-Mittel-Beziehung zwischen Nutzen und Eigenschaften herzustellen und dies auch transparent zu machen.[55]

Auf der emotionalen, bildhaften Seite stehen die Dimensionen Markentonalität und Markenbild/Markenikonographie. Unter *Markentonalität* versteht Esch die Emotionen und Gefühlswelten, die durch die Marke ausgelöst bzw. mit ihr verknüpft werden sollen. Hier werden explizit drei verschiedene Zugänge zur Erfassung der Tonalität aufgeführt. Erstens die Ermittlung der Markenpersönlichkeit. Darunter wird wie bei den anderen Autoren die Gesamtheit menschlicher Eigen-

---

[52] Vgl. Burmann und Meffert 2005a, S. 56, die damit von dem früheren Ansatz von Meffert und Burmann abweichen, der sowohl 1996 wie auch 2002 jeweils eine Kernidentität beinhaltet (vgl. Meffert und Burmann 1996, S. 40 und Meffert und Burmann 2002, S. 51).

[53] Die linke Hemisphäre arbeitet analytisch-sequenziell und speichert die rationalen und sprachlichen Eindrücke. Die rechte Hemisphäre funktioniert ganzheitlich und speichert die emotionalen und bildlichen Eindrücke (vgl. Esch et al. 2005, S. 119).

[54] Vgl. Esch et al. 2005, S. 119 f.

[55] Vgl. Esch 2012, S. 101–104; Esch et al. 2005, S. 120.

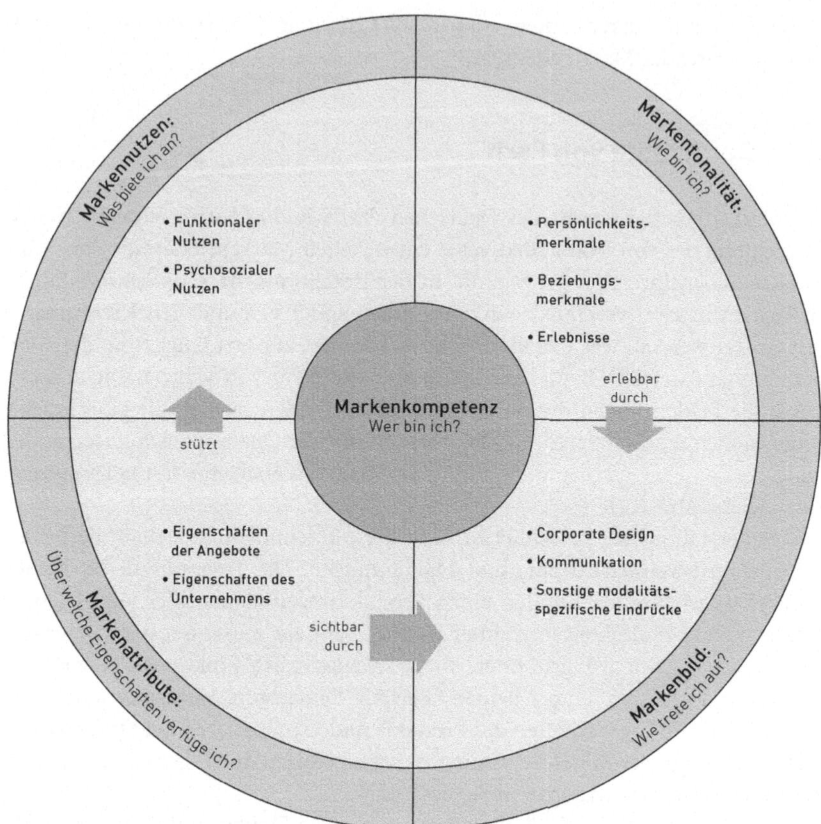

Abb. 6.4 Markensteuerrad von Esch. (Quelle: Eigene Darstellung in Anlehnung an Esch 2012, S. 102)

schaften verstanden, die mit der Marke verbunden werden sollen.[56] Als zweiter Zugang wird die genaue Beschreibung der Marken-Kunden-Beziehung genannt.[57] Den dritten Zugang bieten Erlebnisse, die mit der Marke verbunden werden können und die entweder durch Kommunikation Dritter oder durch eigene Erfahrungen manifestiert werden.[58] Unter der Dimension *Markenbild/Markenikonographie* versteht Esch die Gesamtheit aller sinnlichen Eindrücke sowie verbalen und nonverbalen Repräsentationen, die zusammen das innere Vorstellungsbild der Konsu-

---

[56] Vgl. Aaker 2005, S. 168.

[57] Vgl. Fournier 2005, S. 219; Esch 2012, S. 109 f.

[58] Vgl. Esch 2012, S. 105 und 112 ff.

menten von der Marke ergeben. Darunter fallen nicht nur visuelle Bilder, sondern auch akustische, haptische, olfaktorische und gustatorische Bilder.[59]

Ähnlich wie beim Ansatz von Aaker aus dem Jahr 1996 beschreibt Esch die Struktur der Markenidentität mit einem zentralen Kern, um den herum sich *ein* Ring bildet. Im Gegensatz zu Aaker platziert er jedoch mit der *Markenkompetenz* eine konkrete Dimension als Kern in das Zentrum der Markenidentität. Die Markenkompetenz versteht er als Extrakt und dauerhaften Kern der Markenidentität. Sie erfasst die zentralen Markencharakteristika, die die stärksten Wurzeln der Marke darstellen. Sie kann sowohl sachliche wie auch emotionale Inhalte umfassen und bezieht sich explizit auf vier Elemente:[60] Die Markenhistorie und die Zeitdauer der Markenexistenz, die gute Anhaltspunkte für eine einzigartige Kompetenz der Marke sein können und andere Quadranten des Markensteuerrads positiv beeinflussen; die Herkunft der Marke, worunter explizit die regionale oder nationale Herkunft verstanden wird bzw. die Assoziationen mit den entsprechenden landestypischen Werten; die Rolle der Marke im Markt,[61] und weitere zentrale Markenassets wie Forschungs- und Entwicklungs-Know-how oder bestimmte Kundenzugänge.[62]

Die hier vorgestellten Ansätze sind die wesentlichen Ansätze in der Markenforschungsliteratur.[63] Darüber hinaus gibt es weitere Praxis-Modelle von Unternehmensberatungen, Werbe- und Corporate Identity-Agenturen oder Marktforschungsinstitutionen, die die Markenidentität beschreiben. Einige wichtige werden im Folgenden kurz dargestellt.

---

[59] Das visuelle Bild einer Marke umfasst die Werbemittel, das Markenlogo, das Produkt- und Verpackungsdesign, die Hausfarbe, die Gestaltung der Verkaufsräume, die Nutzer der Marke sowie alle anderen sichtbaren Repräsentationsformen gehören hierzu. Beispiele für visuelle Bilder sind das BMW-Hochhaus, der gelbe McDonalds-Bogen, Beispiele für akustische Bilder sind die Telekom-Melodie oder die Intel-Drumbones, Beispiele für haptische Bilder sind die typische Maggi- oder Odol-Fasche, Beispiele für olfaktorische Bilder sind der typische Maggi- oder Tiroler Nussöl-Geruch und Beispiele für gustatorische Bilder sind der typische Maggi- oder After Eight-Geschmack (vgl. Esch 2012, S. 67 und 106; Esch et al. 2005, S. 121).

[60] Vgl. Esch 2008, S. 103.

[61] So können mit einem dominanten Marktführer andere Assoziationen glaubhaft verbunden werden (Sicherheit, Stabilität, Durchsetzungsfähigkeit) als mit einem jungen Marktherausforderer, der mit Aspekten wie z. B. Flexibilität, Dynamik, Offenheit eher verbunden werden kann.

[62] Vgl. Esch 2012, S. 101–103; Esch et al. 2005, S. 121 f. Die Markenkompetenz bei Esch hat eine etwas andere, umfassendere Bedeutung als die Markenkompetenzen bei Burmann (vgl. Burmann und Meffert 2005a, S. 59 f).

[63] Weitere in der Markenforschungsliteratur zu findende Ansätze zur Beschreibung der Marken-identität, die jedoch aufgrund ihres fragmentarischen Charakters hier nicht aufgeführt werden, sind von (Upshaw 1995, S. 13 ff. sowie von de Chernatony 2010, S. 53 ff., 258 ff. und 331 ff.) der seinen Ansatz erstmals 2001 veröffentlichte (vgl. de Chernatony 2001, S. 36 ff., 204 ff. und 261 ff).

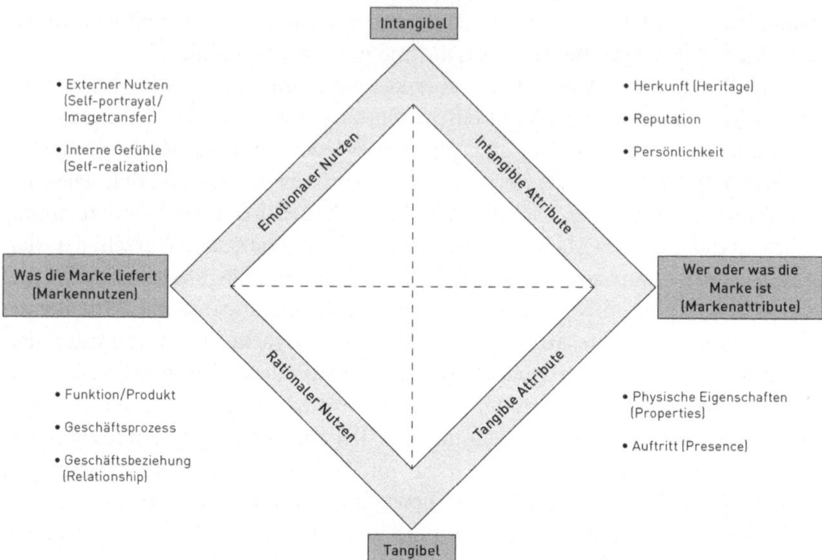

Abb. 6.5 Markendiamant von McKinsey. (Quelle: Eigene Darstellung in Anlehnung an Riesenbeck 2004, S. 505; Riesenbeck und Perrey 2009, S. 114)

6.5 Der Markendiamant von McKinsey

Der Markendiamant ist die erste Phase des MarkenMatik-Prozess-Modells, mit dem das Beratungsunternehmen McKinsey systematisch Marken bewertet. Er wird primär zur Erfassung des Markenimages eingesetzt und ordnet alle mit einer Marke verbundenen positiven oder negativen Assoziationen vier Kategorien zu,[64] kann aber Esch/Langner/Rempel zufolge auch zur Strukturierung der Markenidentität verwendet werden (siehe Abb. 6.5).[65]

Der Markendiamant erfasst die beiden zwei Dimensionen Markenattribute und Markennutzen, die jeweils in eine tangible und eine intangible Ausprägung unterteilt werden. So entstehen vier Quadranten: *Tangible Markenattribute*, worunter alle sinnlich wahrnehmbaren Charakteristika der Marke wie z. B. physisch-funktionale Eigenschaften oder Kommunikationsmaßnahmen zu verstehen sind.

---

[64] Vgl. Riesenbeck 2004, S. 505 ff.; Riesenbeck und Perrey 2009, S. 114 ff.

[65] Vgl. Esch et al. 2005, S. 118.

Intangible Markenattribute umfassen sämtliche konnotativen Merkmale der Marke, wie z. B. die Herkunft, die Reputation und die Persönlichkeit der Marke. *Rationaler Nutzen*, der aus Produktfunktionen, Geschäftsprozesse und der Beziehung Marke-Kunde entsteht. *Emotionaler Nutzen*, der den ideellen Markennutzen für den Konsumenten wiederspiegelt und sowohl extrinsischer wie auch intrinsischer Natur sein kann.[66]

6.6 Das Holistic Solutions-Strukturmodell von Henrion, Ludlow und Schmidt

Die Corporate Identity-Agentur Henrion, Ludlow und Schmidt strukturiert die Markenidentitäten in sechs Dimensionen, die in einem interdependenten Verhältnis zueinander stehen. (siehe Abb. 6.6)[67]

Die Dimension *Kultur* beinhaltet alle kulturellen Zustände und Zielsetzungen einer Organisation. Darunter sind z. B. spezifische Sitten, Rituale, Traditionen, Verfahrensweisen und Verhaltensmuster zu verstehen. Die Dimension *Verhalten* ist unter anderem gelebte Kultur und umfasst die Position der Organisation zu bestimmten gesellschaftsrelevanten Fragen ebenso wie das individuelle Verhalten der Mitarbeiter, insbesondere gegenüber Dritten. Unter der Identitätsdimension *Produkt und Dienstleistungen* werden alle in Zusammenhang mit der Leistungserstellung stehenden Aspekte zusammengefasst; in ihr manifestieren sich Markenwerte und das Markenversprechen. Die Dimension *Märkte und Kunden* bezieht sich auf das Verständnis und die Kenntnis aller markt- und kundenbezogenen Aspekte wie Verbraucherbedürfnisse, Wettbewerbssituation, Marktveränderungen etc. Unter der Dimension *Design* sind sämtliche visuelle Ausdrucks- und Erscheinungs-formen der Marke vom Produktdesign über Logo und Webpage-Design bis hin zur Büromöbelausstattung und Architektur zu verstehen. Die letzte Dimension ist die *Kommunikation*, unter der die gesteuerte Verbreitung von Botschaften nach innen und außen zu verstehen ist.[68]

---

[66] Vgl. Riesenbeck 2004, S. 506 f.; Riesenbeck und Perrey 2009, S. 113 ff.; Esch et al. 2005, S. 118 f.

[67] Vgl. Schmidt, 2008, S. 15 ff.

[68] Schmidt betont, dass die Identitätsdimension Kultur am tiefsten in der Organisation verwurzelt ist und maßgeblich die Werthaltungen und die Tonalität der Kommunikation beeinflusst (vgl. Schmidt 2008, S. 18–24).

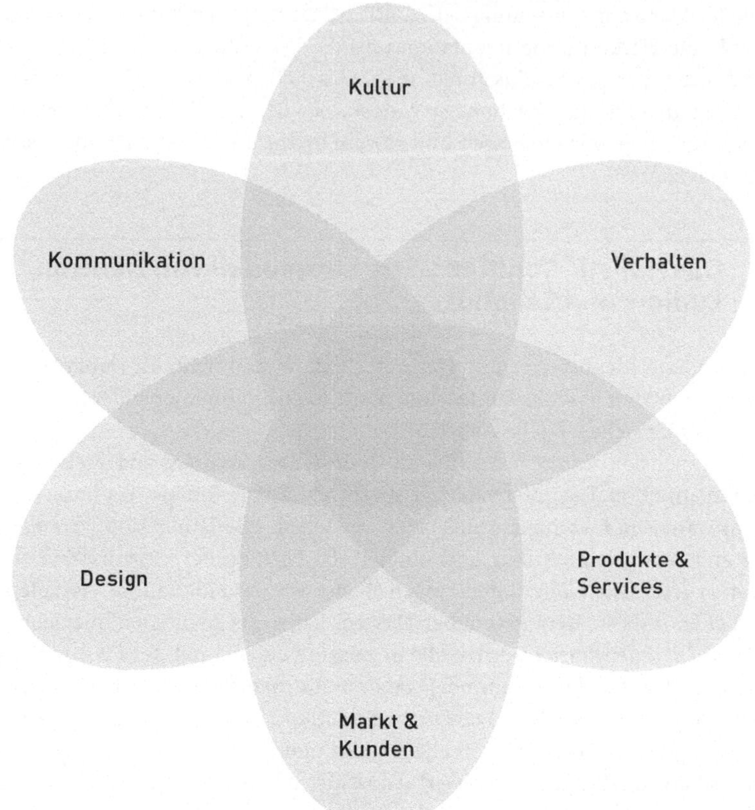

Abb. 6.6 Holistic Solutions-Struktur-Modell von Henrion, Ludlow und Schmidt. (Quelle: Eigene Darstellung in enger Anlehnung an Schmidt 2008, S. 14)

6.7   Das Bates Brand Wheel-Markenkernmodell

Das Brand Wheel Modell von Bates umfasst vier kreisförmig angeordnete Betrachtungsebenen, die die Markenidentität charakterisieren und in deren Zentrum als Verdichtung die Brand Essence steht (siehe Abb. 6.7).[69] Der äußerste der vier

---

[69] Vgl. Lobenstein 2004, S. 206 ff. Je näher die Dimensionen an der Brand Essence liegen, desto wichtiger sind sie für sie.

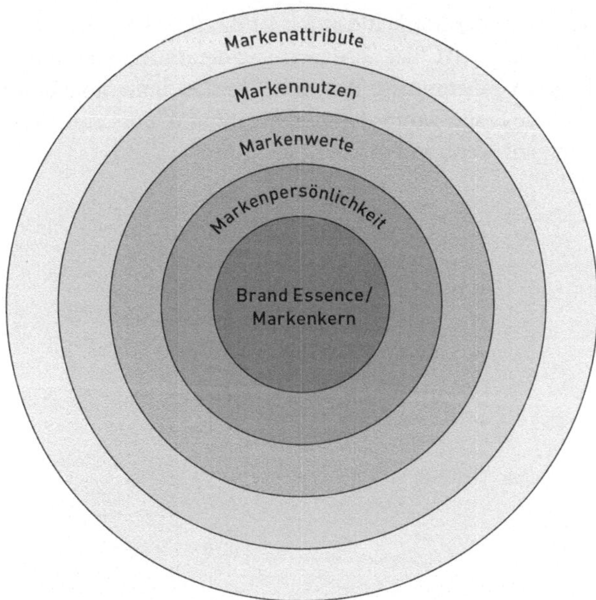

Abb. 6.7 Bates Brand Wheel-Markenkernmodell. (Quelle: Eigene Darstellung in enger Anlehnung an Lobenstein 2004, S. 210)

Kreise beinhaltet die *Markenattribute* (Was hat die Marke? Was sieht man?). Hier werden alle Beschreibungselemente der Marke zusammengefasst, die das physikalisch sichtbare Angebot einer Marke ausmachen. Der zweite Kreis bezieht sich auf die Identitätsdimension *Markennutzen* (Was leistet die Marke für mich? Was kann die Marke für mich tun?). Hier geht es um für den Nutzer rational beschreibbare, funktional-technische Nutzenaspekte. Die dritte Identitätsdimension umfasst die *Markenwerte* (Was signalisiert die Marke?). Hierunter sind alle emotionalen Werte und psychischen Vorteile zu verstehen, die der Marke vom Nutzer zugeschrieben werden.

Als vierter Ring wird die *Markenpersönlichkeit* (Wie ist die Marke?) herangezogen. Hier geht es wie bei den anderen Modellen um sämtliche menschliche Eigenschaften, die von den Nutzern der Marke zugeschrieben werden und die stark die emotionale Bindung und die Sympathie für die Marke beeinflussen.[70] Der innerste

---

[70] Vgl. Lobenstein 2004, S. 208–210.

Bereich und das Herz der Markenidentität ist die *Brand Essence*. Sie ist der Markenkern, der die einzigartige Idee ausdrückt, auf der die Marke aufgebaut ist. In ihr sind die wichtigsten Erkenntnisse der vier Identitätsdimensionen verdichtet. Sie gibt Antwort auf die Frage, wofür die Marke steht und muss ein einziger Gedanke sein, der nur aus ganz wenigen Worten besteht.[71]

---

[71] Vgl. Lobenstein 2004, S. 210.

Insgesamt sind bei den sieben dargestellten Ansätzen sehr viele Gemein-samkeiten festzustellen, aber auch einige wesentliche Unterschiede. Im ersten Schritt erfolgt eine Übersicht, in der alle Dimensionen aller Ansätze zusammengefasst sind (siehe Tab. 7.1). Im zweiten Schritt werden die verschiedenen Ansätze einer vergleichenden Beurteilung und kritischen Würdigung unterzogen, die in eine zusammenfassende Bewertung mündet.

Die verwendeten dreizehn verschiedenen Dimensionen und Elemente können in ihrer Gesamtheit als wissenschaftlich erarbeiteter, fundierter, zum aktuellen Zeitpunkt (September 2013) gültiger Pool verstanden werden, aus dem die Markenidentität bestehen kann.[1] In der folgenden Abbildung (Abb. 7.1) sind die in den sieben verschiedenen Ansätzen verwendeten Dimensionen und Elemente analysiert, thematisch sortiert und in eine Reihenfolge nach der Häufigkeit ihrer Verwendung gebracht worden.

Für die vergleichende Beurteilung der Ansätze sind Kriterien zu definieren, anhand derer die Beurteilung erfolgt. Als geeignet angesehen werden nach Analyse der einschlägigen Literatur folgende fünf Kriterien: Vollständigkeit der Elemente,

---

[1] Bei der Festlegung der individuellen Markenidentität sollen im konkreten Fall jedoch grundsätzlich aus dem angebotenen Gesamtkatalog nur diejenigen Dimensionen bzw. Elemente herangezogen werden, die notwendig sind für die Formulierung dessen, was die konkrete Marke einzigartig und unterscheidbar von Konkurrenten macht und wofür sie in den Augen der Kunden stehen soll. Aaker/Joachimsthaler betonen in diesem Kontext: „A brand identity is not a tax form that requires an entry on every line [...]" (Aaker und Joachimsthaler 2000, S. 57). Kapferer führt eine Frageliste auf: „Thus, the brand identity will be clearly defined once the following questions are answered: What's the brand's particular vision and aim? What makes it different? What need is the brand fulfilling? What is its permanent crusade? What are its value or values? What's its field of competence? Of legitimacy? What are the signs which make the brand recognisable?" (Kapferer 2012, S. 150).

B. Radtke, *Markenidentitätsmodelle*, essentials,
DOI 10.1007/978-3-658-04586-9_7, © Springer Fachmedien Wiesbaden 2014

Tab. 7.1 Markenidentitätsmodelle und ihre Elemente. (Quelle: Eigene Darstellung)

Nr.	Kapferer	Aaker	Burmann	Esch	McKinsey	Henrion, Ludlow und Schmidt	Bates	Zusamenfassung
	Identitatsprima			Markensteuerrad	Markendiamant	Holistic solutions	Brand wheel	
1	Erscheinungsbild Physische Merkmale Wahrnehmbare Merkmale Produktattribute	Produkt Anwendungsbereich Attribute Wahrgenommene Oualität Wert, Preis Verwendungskontext	Markenleistungen Attribute Produktqualität	Markenattribute Produktattribute Organisationale Attribute	Tangible Attribute Sinnlich Wahrnehmbare Produkteigenschaften	Produkt/ Dienstleistungen Leistungserstellung	Markenattribute Physikalisch Sichtbar	Produktattribute
2	Funktionaler Nutzen	Funktionale Nutzen	Funktionaler Nutzen	Markennutzen Funktional	Rationaler Nutzen Funktionaler Nutzen Prozesse		Markennutzen Rational Funktional Technisch	Funktionaler Nutzen
3	Emotionaler Nutzen	Emotionaler Nutzen	Emotionale Facetten Symbolischer Nutzen	Psychosozialer Nutzen	Emotionaler Nutzen Ideeller Nutzen Extrinsisch Intrinsisch			Emotionaler Nutzen

Tab. 7.1 (Fortsetzung)

Nr.	Kapferer	Aaker	Burmann	Esch	McKinsey	Henrion, Ludlow und Schmidt	Bates	Zusamenfassung
	Identitatsprima			Markensteuerrad	Markendiamant	Holistic solutions	Brand wheel	
4	Marken Persönlichkeit Menschliche Eigenschaften	Person Markenpersön-lichkeit	Marken-Persönlichkeit Menschliche Eigenchaften Typischer Repr-äsentant	Persönlich-keitsmerkmale	Markenpersön-lichkeit		Marken persön lichkeit Menschliche Eigenschaften	Markenper-sön lichkeit
5	Beziehung Marke-Nutzer	Beziehung Marke-Nutzer		Beziehung Marke-Nutzer Erlebnisse	Beziehung Marke-Nutzer	Verhalten Individuelles Verhalten		Beziehung Marke-Nutzer
6	Kultur Werte	Grundwerte	Markenwerte Grundüber-zeugungen	Zusätzliche Markencharakte-ristika		Kultur Sitten , Tradi tionen , Verfah-rensweisen ,Verhaltens-muster	Markenw erte emotionale Werte psychische Vorteile	Markenwerte
7	Herkunft	Marken-herkunft Markenerbe Herkunftsland	Markenher-kunft Regional Kulturell Organisationa	Herkunft	Intangible Attribute Herkunft			Markenher-kunft

Tab. 7.1 (Fortsetzung)

Nr.	Kapferer	Aaker	Burmann	Esch	McKinsey	Henrion, Ludlow und Schmidt	Bates	Zusamenfassung
	Identitatsprima			Markensteuerrad	Markendiamant	Holistic solutions	Brand wheel	
8		Symbol Visuelle Symbole Metaphern [Bilderwelten]		Markenbild/ Marken-Ikonographie Corporate Design Kommunikation Alle sinnlichen Eindrucke		Design visuelle Erscheinung Corporate Design Architektur		Markenbild
9	Markenstil		Kommunikationsstil	Markentonatität	KommunikationsmaBnahmen	Kommunikation Integrierte-Kommunikation Position zu gesellschaftl. Fragen		Kommunikations stil
10		Organisation Organisationale Fahiqkeiten Innovationskraft Kundenorientierung Ausrichtung	Marken-kompetenzen Führungskompetenzen Investitionen in Personal Investitionen in KnowHow	Marken-kompetenz Markenhistorie Zeitdauer der Markenexistenz Assets , Know-How Rolle im Markt		Märkte und Kunden Marktkenntnis Wettbewerbs-situation		Organisationale Marken-kompetenz

Tab. 7.1 (Fortsetzung)

Nr.	Kapferer	Aaker	Burmann	Esch	McKinsey	Henrion, Ludlow und Schmidt	Bates	Zusamenfassung
	Identitatsprima			Markensteuerrad	Markendiamant	Holistic solutions	Brand wheel	
11	Reflektion über den typischen Markennutzer	Typischer Verwender	Typischer Nutzer					Typischer Nutzer
12	Selbstimage/ Selbstprojektion Marken des Marken nutzers							Selbstimage/ Selbstprojektion des Markennutzers
13			Markenvision					Markenvision

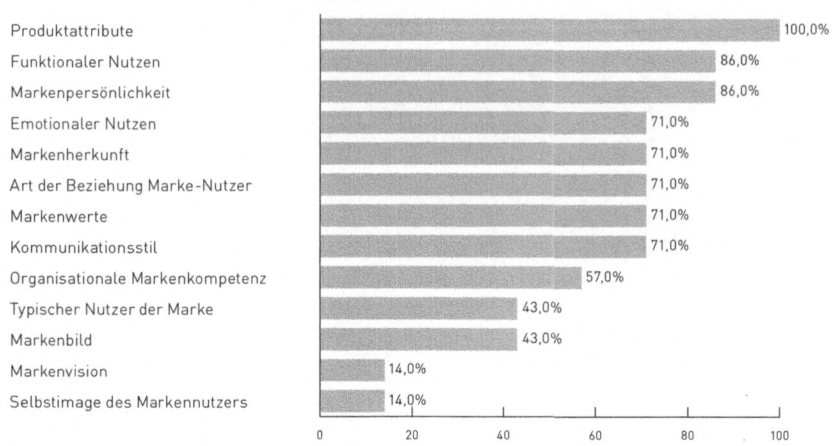

Abb. 7.1 Häufigkeit der Markenidentitätselemente in den Modellen.
(Quelle: Eigene Darstellung)

Überschneidungsfreiheit, Verzahnung, Vorhandensein einer wertenden Strukturierung der Elemente sowie Praktikabilität des Ansatzes.[2]

Die *Vollständigkeit der Elemente* kann sowohl in einer rein quantitativen Gesamtbetrachtung als auch in einer sektorspezifischen Betrachtung erfolgen. Bei ersterer ist festzustellen, dass die vier wissenschaftlichen Ansätze von Kapferer, Aaker,
Burmann sowie Esch jeweils zehn der 13 möglichen Elementen beinhalten, jedoch
mit punktuell unterschiedlichen Inhalten. Bei allen vier Autoren sind Produktattribute, funktionaler Nutzen, emotionaler Nutzen, Markenpersönlichkeit, Markenwerte sowie Markenherkunft vertreten. Kapferer fügt als einziger die Dimension
Selbstimage/Selbstprojektion des Markennutzers hinzu, verzichtet jedoch auf das
Markenbild und die organisationale Markenkompetenz. Aaker lässt den Kommunikationsstil weg. Burmann bezieht als einziger die Markenvision explizit mit ein,
verzichtet dafür auf die Beziehung Marke-Nutzer und das Markenbild. Esch führt
den Typischen Benutzer nicht auf. Die Vollständigkeit der Elemente ist bei den
vier wissenschaftlichen Ansätzen somit weitestgehend gleich gegeben.[3] Die Praxisansätze umfassen zwischen vier und sieben Elementen; bei ihnen fehlen teilweise
Dimensionen und Elemente wie emotionaler Nutzen oder Markenherkunft, die bei
allen wissenschaftlichen Autoren einbezogen sind. Fokussiert man bei der Vollständigkeit auf die sektorspezifische Frage, ob sowohl die rationale als auch die

---

[2] Vgl. Esch et al. (2005, S. 123); Kapferer (2012, S. 246 f.); de Chernatony (2010, S. 61).
[3] Hier wird der Einschätzung von Esch et al. (2005, S. 123 f.) gefolgt.

emotionale Seite, also beide Hemisphären, angesprochen werden, ist festzustellen, dass bei allen vier wissenschaftlichen Ansätzen die rationalen Aspekte vollständig erfasst werden. Die emotionalen Aspekte werden zwar auch bei allen vier Autoren abgebildet, aber in unterschiedlicher Tiefe und Gewichtung.[4] Bei Eschs Ansatz wird am deutlichsten, dass bewusst Elemente aus beiden Hemisphären erfasst werden sollen. Die drei Praxisansätze bilden nach Einschätzung des Verfassers dieser Arbeit rationale und emotionale Aspekte vollständig ab.

Bei der Analyse der *Überschneidungsfreiheit der einzelnen Elemente* ist zu konstatieren, dass bei Kapferers Ansatz die Zugänge Selbstreflexion (Bild der Konsumenten vom typischen Markennutzer) und Selbstimage der Kunden (eigene Wunschvorstellung der Kunden bei der Markennutzung) von den Dimensionen Markenpersönlichkeit und Beziehung Marke-Nutzer nicht trennscharf zu unterscheiden sind.[5] Bei Aaker sind die beiden Perspektiven Marke als Produkt und Marke als Symbol nicht völlig überschneidungsfrei.[6] Beim Ansatz von Burmann wie auch bei Eschs Modell erfolgt eine klare Trennung der einzelnen Dimensionen, so dass kaum Überschneidungen auftreten dürften. Die zwei Praxisansätze von McKinsey und Bates sind ebenfalls relativ trennscharf,[7] das Modell von Henrion, Ludlow und Schmidt hingegen weist zwischen Produkte und Dienstleistungen auf der einen und Design auf der anderen Seite sowie zwischen Kultur und Verhalten deutliche Überschneidungspotenziale auf.

Die *Verzahnung der einzelnen Dimensionen untereinander* erfolgt in den vier wissenschaftlichen Ansätzen relativ unterschiedlich. Kapferer hebt ausdrücklich hervor, dass insbesondere durch die Konzeption seines Ansatzes als Kommunikationsmodell alle sechs Dimensionen miteinander verbunden sind und perma-

---

[4] Hier wird der Einschätzung von Esch et al. (2005, S. 123 f.) nicht gefolgt.

[5] Insofern wird hier Eschs Kritik gefolgt, vgl. Esch (2012, S. 100). Kapferer sieht dies anders: „Although related, each facet adresses a different dimension of uniqueness" (Kapferer 2012, S. 164). Hier muss betont werden, dass die Dimension bzw. der Zugang Selbstimage/Selbstprojektion aus-schließlich von Kapferer verwendet wird.

[6] So kann ein Produktdesign Symbolcharakter haben, wie das z. B. bei der Odol- oder der Orangina-Flasche der Fall ist, und somit sowohl von der einen wie auch von der anderen Perspektive erfasst werden. Wenn man sich klar für einen Zugang der Erfassung entscheidet, ihn also weder vergisst noch doppelt notiert, fällt nach Auffassung des Verfassers dieser Arbeit die Kritik der nichtvorhandenen Trennschärfe relativ wenig ins Gewicht.

[7] Die vier Dimensionen sind ziemlich klar unterscheidbar, auch die erwähnten intangiblen Assoziationen bzw. intangible Attribute sind gegenüber den emotionalen Nutzen abgrenzbar. Hier wird somit der Kritik von Esch/Langner/Rempel nicht gefolgt, siehe Esch et al. (2005, S. 124 f).

nent in wechselseitiger Beziehung stehen.[8] Obwohl der explizite Nachweis, den er dafür bringt, relativ schwach ist, ist seine Aussage insgesamt nachvollziehbar. Bei Aaker ist kein Hinweis zu finden, wie die vier verschiedenen Perspektiven Marke als Produkt, als Organisation, als Person und als Symbol miteinander verzahnt sind. Die Bei Burmanns Ansatz bildet die Markenherkunft das Fundament für die fünf anderen Komponenten. Die Markenleistungen werden vor allem durch die Markenkompetenzen, aber auch die Markenwerte und die Markenpersönlichkeit beeinflusst.[9] Weiter wird erwähnt, dass die Ausgestaltung von Art und Form der Markenleistungen die Wahrnehmung des funktionalen Nutzens und die drei Dimensionen Markenwerte, -persönlichkeit und -vision primär die Wahrnehmung des symbolischen Markennutzens determiniert. Es existiert somit eine teilweise Verzahnung verschiedener Dimensionen miteinander. Esch reklamiert für sein Modell, dass alle fünf Elemente stringent miteinander verzahnt sind und eine innere Logik haben. Die Markenattribute stützen den funktionalen Marken-nutzen; der emotionale Markennutzen wiederum entsteht unter anderem durch die Markentonalität. Das Markenbild schließlich macht die Markenattribute sichtbar und die Tonalität erlebbar. In diesem Modell ist die Verzahnung der Dimensionen weitestgehend gegeben.[10] Bei den Praxismodellen von McKinsey, Henrion, Ludlow und Schmidt sowie Bates besteht die implizite Verzahnung einiger, jedoch nicht aller Elemente.

Kapferer bekräftigt mit seiner Aussage „Building a brand is first of all a matter of defining very clearly, explicitly and publicly what about the brand is non-negotiable [...]"[11] die hohe Bedeutung einer *wertenden Strukturierung* der Markenidentität in einen Kern- und einen erweiterten Bereich und berücksichtigt dieses Kriterium explizit, indem das Identitätsprisma in eine übergeordnete, dreistufige Markenpyramide (Markenkern, Markenstil, Markenthemen) einfügt. Er erläutert ferner, dass zwischen Kerneigenschaften (kernel traits), peripheren Eigenschaften (peripheral traits) und out of brand-territory-Eigenschaften unterschieden werden muss und stellt ein relativ einfaches, aber sozialpsychologisch abgesichertes Befragungsverfahren vor, das einen Beitrag leistet, dies herauszufinden.[12]

---

[8] Kapferer betont: „The content of one echoes that of another" (Kapferer 2012, S. 163). Esch/Langner/Rempel sehen dies anders, wie sie überhaupt dieses Kriterium bei keinem Ansatz erfüllt sehen, vgl. Esch et al. (2005, S. 125).

[9] Vgl. Burmann und Meffert (2005a, S. 58); Blinda (2007, S. 109).

[10] Siehe die wahrscheinlich nicht ganz unvoreingenommene, aber zutreffende Selbstbeurteilung bei Esch et al. (2005, S. 125).

[11] Kapferer (2012, S. 247).

[12] Die einzige Frage an die Probanden lautet: Kann ein neues Produkt, das bestimmte Imageeigenschaften *nicht* hat, dennoch den Namen der abgefragten Marke tragen? Wenn 70 % und

Aaker verwendet in seinem Ansatz das gut illustrierbare Bild der zwei bis drei Identitätskreise. Die Kernidentität umfasst bei ihm die wichtigsten, zeitlosen Elemente aus zwei bis vier Dimensionen, darunter in jedem Fall die Grundwerte, die unter allen Umständen unverändert beibehalten werden sollen. Er gibt einige wohlmeinende, aber sehr allgemeine Hinweise wie „the core identity should include elements that make the brands both unique and valuable".[13] Burmann erkennt zwar an, dass eine Aufteilung in essenzielle und akzidenzielle Merkmale der Markenidentität wünschenswert wäre, bemerkt aber, dass es darüber zum Zeitpunkt seiner Ausführungen noch keine wissenschaftlich gesicherten Erkenntnisse gibt: „Eine klare und generalisierbare Abgrenzung zwischen essenziellen und akzidenziellen Merkmalen der Markenidentität ist daher (noch) nicht möglich."[14] Er verzichtet folgerichtig in seinem Ansatz bewusst auf eine zuordnende Wertung und macht keine Aussagen, welche Komponenten oder Elemente den Kern der Markenidentität ausmachen.[15] Eschs Modell vermittelt bereits durch die optische Gestaltung den Eindruck, dass es mit der Markenkompetenz einen Markenkern gibt. Er betont, dass sich die vier Quadranten Markennutzen, -attribute, -tonalität und -bild um die

---

mehr dies bejahen, dann gehört diese Eigenschaft zur Kernidentität, bei einer Zustimmung von 60 bis 70 % ist es eine periphere Eigenschaft, wenn die Zustimmung unter 60 % liegt, gehört diese Eigenschaft *nicht* zur Markenidentität (vgl. Kapferer 2012, S. 255. und 258 ff.) Er betont aber auch, dass man sich bei der Ermittlung der Kernidentität nicht nur auf subjektive externe Urteile, wenn auch von einer großen Anzahl, leiten lassen darf: „Identity is not a point of view" (Kapferer 2012, S. 254).

[13] Aaker (1996, S. 87). Es gibt jedoch etliche Beispiele, die zeigen, dass die Frage, ob ein Element zum Markenkern gehört und niemals verändert werden darf oder zur erweiterten Markenidentität, die im Zeitablauf angepasst werden kann, mit guten Gründen in beide Richtungen beantwortet werden kann. Als solche Beispiele können insbesondere Elemente aus den Perspektiven Marke als Produkt und Marke als Symbol gelten wie der gelbe McDonalds-Bogen oder die braune Farbe von Coca-Cola (siehe Esch 2012, S. 100 f.) Über die Zuordnung der Markenpersönlichkeit gibt es in der Literatur unterschiedliche Auffassungen: Kühne und van Rekom et al. ordnen sie dem Markenkern bzw. der brand essence zu vgl. Kühne (2008, S. 155 ff.); van Rekom et al. (2006, S. 114); Becker und von Rosenstiel hingegen grenzen sie explizit vom Markenkern ab, vgl. Becker und von Rosenstiel (2007, S. 197). Kapferer, Aaker, Esch und Lobenstein führen die Markenpersönlichkeit in ihren Marken-identitätsmodellen explizit als eigenständige Dimension auf und suggerieren somit, dass sie nicht zwingend zum Markenkern zuzurechnen ist, aber zugerechnet werden kann vgl. Kapferer (2012, S. 159); Aaker (1996, S. 83); Esch (2012, S. 102 ff.); Lobenstein (2004, S. 212). Aaker bekräftigt: „A brand personality does not often come become a part of the core identity", Aaker (1996, S. 88).

[14] Burmann und Meffert (2005a, S. 56). In diesem Zusammenhang ist darauf hinzuweisen, dass Meffert/Burmann in ihrem Modell 2002 eine Kernidentität ausweisen (vgl. Burmann und Meffert 2002, S. 49 ff).

[15] Vgl. Burmann und Meffert (2005a, S. 56).

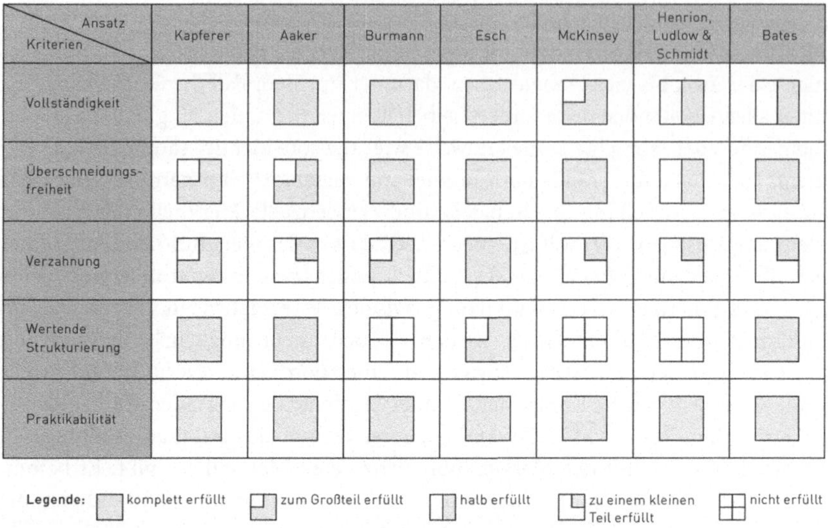

Kriterien \ Ansatz	Kapferer	Aaker	Burmann	Esch	McKinsey	Henrion, Ludlow & Schmidt	Bates
Vollständigkeit	komplett erfüllt	komplett erfüllt	komplett erfüllt	komplett erfüllt	zum Großteil erfüllt	halb erfüllt	halb erfüllt
Überschneidungsfreiheit	zum Großteil erfüllt	zum Großteil erfüllt	komplett erfüllt	komplett erfüllt	komplett erfüllt	halb erfüllt	komplett erfüllt
Verzahnung	zum Großteil erfüllt	zu einem kleinen Teil erfüllt	zum Großteil erfüllt	komplett erfüllt	zu einem kleinen Teil erfüllt	zu einem kleinen Teil erfüllt	zu einem kleinen Teil erfüllt
Wertende Strukturierung	komplett erfüllt	komplett erfüllt	nicht erfüllt	zum Großteil erfüllt	nicht erfüllt	nicht erfüllt	komplett erfüllt
Praktikabilität	komplett erfüllt	komplett erfüllt	komplett erfüllt	komplett erfüllt	komplett erfüllt	komplett erfüllt	komplett erfüllt

Legende: komplett erfüllt · zum Großteil erfüllt · halb erfüllt · zu einem kleinen Teil erfüllt · nicht erfüllt

Abb. 7.2 Zusammenfassende Bewertung der Markenidentitätsmodelle. (Quelle: Eigene Darstellung)

„Markenkompetenz als Kern der Markenidentität"[16] gruppieren und sie konkret erlebbar machen. Die Praxismodelle wenden die wertende Strukturierung unterschiedlich an. Bei Bates ist ein Markenkern existent, bei McKinsey und Henrion, Ludlow und Schmidt hingegen nicht.

Beim Kriterium *Praktikabilität* wird der Einschätzung von Esch/Langner/ Rempel gefolgt, die alle wissenschaftlichen Ansätze als grundsätzlich praktikabel einstufen.[17] Die Praxisansätze erfüllen ebenfalls dieses Kriterium.

Die zusammenfassende Darstellung der Beurteilung der sieben Markenidentitätsmodelle anhand der Kriterien ergibt folgende Übersicht (Abb. 7.2):

In einer zusammenfassenden kritischen Würdigung der Ansätze kann resümiert werden, dass *Kapferers Modell* in seiner Gesamtkonzeption überzeugt und sich als sehr elaborierter, vielschichtiger Ansatz erweist, der kleinere Mängel bei der Überschneidungsfreiheit und der Verzahnung aufweist. *Aakers Ansatz* scheint insgesamt sehr klar und umfassend, krankt aber unübersehbar an der nicht vorhan-

---

[16] Esch (2012, S. 101).

[17] Vgl. Esch et al. (2005, S. 125).

denen Verzahnung und wirkt sehr statisch. Das *Modell von Burmann* hat die Be-
sonderheit, dass es zum einen als einziges die Markenvision in die Markenidentität
integriert und zum anderen das Element Beziehung Marke-Nutzer weglässt. Ferner
lehnt es eine Markenkernfestlegung ab. *Eschs Modell* erweist sich als dasjenige, das
die Anforderungen weitestgehend erfüllt.

Zusammenfassung und Fazit   8

Im Mittelpunkt der Betrachtung des heute als vorherrschend geltenden Ansatzes der identitätsorientierten Markenführung steht die wechselseitige Beziehung von Markenidentität und Markenimage. Unter dem sozialwissenschaftlich begründeten Konstrukt der Markenidentität wird die in sich widerspruchsfreie Gesamtheit der wesensprägenden, charakteristischen Merkmale einer Marke verstanden, die sie einzigartig macht und zeitlich stabil zum Ausdruck bringt, wofür sie steht bzw. stehen soll und sie von anderen Marken unterscheidet. Die sieben dargestellten Ansätze zur Beschreibung der Markenidentität liefern eine Reihe von Markenidentitätsdimensionen und -elementen, zahlreiche Quellen zu deren Erfassung sowie Hinweise für Strukturierungsordnungen für die Markenidentität. Der Teil der Markenidenti-tät, der die essenziellen, unveränderbaren Elemente der Marke beinhaltet, wird Markenkern genannt.

Basierend auf einer kriteriengestützten vergleichenden Bewertung der Ansätze gelangt man zum Ergebnis, dass von den sieben Modellen Eschs Ansatz die Anforderungen am besten und weitestgehend, jedoch nicht komplett, erfüllt. Eschs Modell wird demzufolge mit kleinen Modifikationen empfohlen. Die Modifikationen beziehen sich auf drei Aspekte: Erstens auf den Einbezug zweier weiterer Identitätselemente anderer Autoren, die von Esch bislang expressis verbis zwar nicht erwähnt werden, aber in keinem Widerspruch zu seinem Modell stehen: der Kommunikationsstil, den fünf Autoren verwenden und den Typischen Nutzer der Marke, den drei Autoren verwenden,[1] zweitens auf die Umbenennung des Segmentes Markentonalität in Markenpersönlichkeit, das in die Gesamtkonzeption des Markenkontrukts, insbesondere zum Verhältnis Markenidentität-Markenimage

---

[1] Von den 13 identifizierten Elementen aller untersuchten Ansätze werden somit elf in das Modell einbezogen. Nur die beiden Elemente Markenvision (nur von Burmann verwendet) sowie Selbstimage des Markennutzers (nur von Kapferer verwendet) finden keinen Eingang; dies geschieht zum Teil aufgrund der nicht vorhandenen breiten Akzeptanz, aber auch aus systemlogischen Gründen.

B. Radtke, *Markenidentitätsmodelle*, essentials,   47
DOI 10.1007/978-3-658-04586-9_8, © Springer Fachmedien Wiesbaden 2014

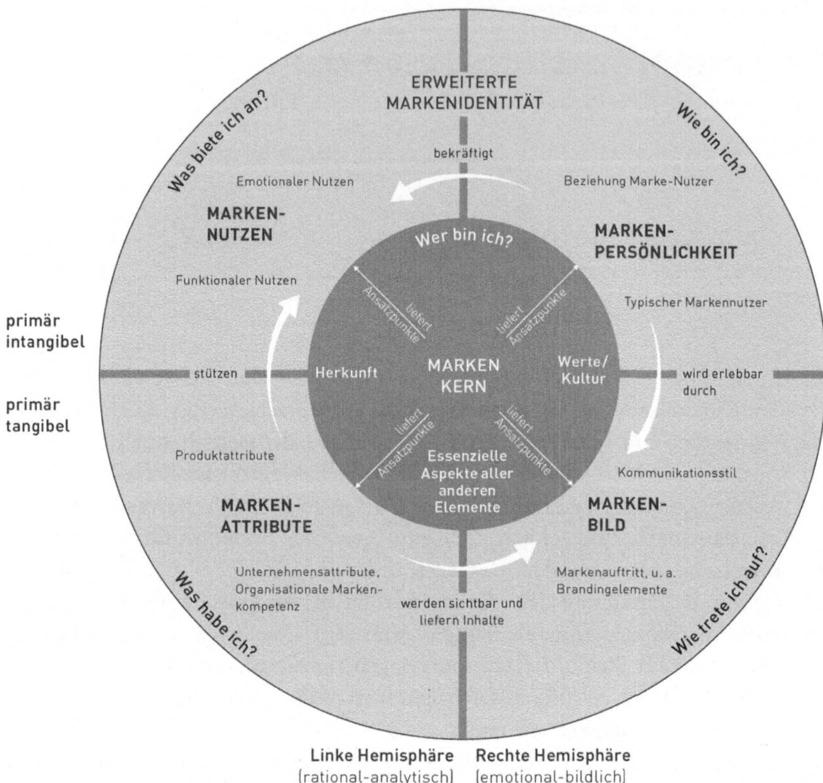

Abb. 8.1 Leicht modifiziertes Markenidentitätsmodell von Esch. (Quelle: Eigene Darstellung in Anlehnung an Esch 2012, S. 102)

besser passt und drittens auf die obligatorische Einbeziehung der beiden Elemente Markenhistorie und Werte/Kultur in den Markenkern des Modells.[2] Somit ergibt sich ein Identitätsmodell, das die Kriterien bestmöglich erfüllt und darüber hinaus die Verbindung zum Image als wahrgenommene Identität verblüffend einfach und inhaltlich schlüssig zugleich darstellt (siehe Abb. 8.1).

---

[2] Dies ergibt sich zum einen aus den Ausführungen der drei Autoren, die einen Markenkern beschreiben (vgl. Esch 2012, S. 103; Kapferer 2012, S. 255 und 258 f.; Aaker und Joachimsthaler 2000, S. 43–45) und wird zum anderen von Kunow/Raussert hinsichtlich des Elements Kultur bestätigt: „Culture is being viewed as a key resource for identity construction" (Kunow und Raussert 2008, S. 8; siehe ähnlich Hofstede et al. 2010, S. 5 ff.).

Das Konstrukt Markenimage beinhaltet wie eingangs dargestellt Assoziationen über Markenattribute, Markennutzen und die Markenpersönlichkeit. Folglich muss die Markenidentität mindestens auch aus diesen drei Dimensionen bestehen, was sie in dem hier vorgestellten Modell auch tut. Zusätzlich kommt noch die Dimension Markenbild hinzu, die die Kommunikation der anderen drei Dimensionen übernimmt und somit eine Sonderstellung im Rahmen der Markenidentität einnimmt.[3]

---

[3] Zur Verbindung von Markenidentität und Markenimage siehe die Ausführungen von Nandan 2005, S. 264–278, sowie zur besonderen Rolle der Kommunikation/Repräsentation in diesem Kontext Ka-raosmanoglu und Melewar 2006, S. 198 ff.

Literatur

Aaker, David A. 1991. *Managing brand equity: Capitalizing on the value of a brand name.* New York.

Aaker, David A. 1992. *Management des Markenwerts.* Frankfurt a. M.

Aaker, David A. 1996. *Building strong brands.* London.

Aaker, David A., und Erich Joachimsthaler. 2000. *Brand Leadership.* New York.

Aaker, Jennifer L. 1999. The malleable self: The role of self-expression in persuasion. *Journal of Marketing Research* 36 (February): 45–57.

Aaker, Jennifer L. 2005. Dimensionen der Markenpersönlichkeit. 4. Aufl. In *Moderne Markenführung,* Hrsg. Franz-Rudolf Esch, 165–176. Wiesbaden.

Bagusat, Ariane, und Christian Müller. 2008. Markenkommunikation durch Erlebniswelten am Beispiel der BMW-Markenschaufenster. In *Handbuch Markenkommunikation,* Hrsg. Arnold Hermanns, Tanja Ringle und Pascal C. van Overloop, 313–330. München.

Ballantyne, Ronnie, Anne Warren, und Karinna Nobbs. 2006. The evolution of brand choice. *Journal of Brand Management* 13 (4–5): 339–352.

Balmer, John M. T. 2006. Comprehending cororate identity, corporate brand management and corporate marketing, Working Paper No. 06/19. Bradford: Bradford University School of Management.

Balmer, John M. T., und Stephen A. Greyser. 2002. Managing the multiple identities of the corporation, Working Papers No. 02/05. Bradford: Bradford University School of Management.

Balmer, John M. T., und Helen Stuart. 2004. British Airways and Balmer's AC3ID test of corporate brand management, Working Papers No. 04/26. Bradford: Bradford University School of Management.

Baumgarth, Carsten. 2008. *Markenpolitik.* 3. Aufl. Wiesbaden.

Becker, Florian, und Lutz von Rosenstiel. 2007. Die Persönlichkeit von Unternehmen – Messung und Potenzial einer Plattform für die integrierte Positionierung. In *Psychologie der Markenführung,* Hrsg. Arnd Florak, Martin Scarabis und Ernst Primosch, 197–217. München.

Blinda, Lars. 2003. Relevanz der Markenherkunft für die identitätsbasierte Markenführung, Arbeitspapier Nr. 2 des Lehrstuhls für innovatives Markenmanagement der Universität Bremen.

Blinda, Lars. 2007. *Markenführungskompetenzen eines identitätsbasierten Markenmanagements.* Wiesbaden.

B. Radtke, *Markenidentitätsmodelle,* essentials,
DOI 10.1007/978-3-658-04586-9, © Springer Fachmedien Wiesbaden 2014

Burmann, Christoph, und Lars Blinda. 2006. Markenführungskompetenzen. Handlungspotenziale einer identitätsbasierten Markenführung, Arbeits-papier Nr. 20 des Lehrstuhls für innovatives Markenmanagement der Universität Bremen.

Burmann, Christoph, Lars Blinda, und Axel Nitschke. 2003. Konzeptionelle Grundlagen des identitätsbasierten Markenmanagements, Arbeits-papier Nr. 1 des Lehrstuhls für innovatives Markenmanagement der Universität Bremen.

Burmann, Christoph, Tilo Halaszovich, und Frank Hemmann. 2012. *Identitäts-basierte Markenführung. Grundlagen – Strategie – Umsetzung – Controlling.* Wiesbaden.

Burmann, Christoph, und Heribert Meffert. 2005a. Theoretisches Grund-konzept der identitätsorientierten Markenführung. 2. Aufl. In *Markenmanagement. Identitätsorientierte Markenführung und praktische Umsetzung,* Hrsg. Heribert Meffert, Christoph Burmann und Martin Koers, 37–72. Wiesbaden.

Burmann, Christoph, und Heribert Meffert. 2005b. Managementkonzept der identitätsorientierten Markenführung. 2. Aufl. In *Markenmanagement. Identitäts-orientierte Markenführung und praktische Umsetzung,* Hrsg. Heribert Meffert, Christoph Burmann und Martin Koers, 73–114. Wiesbaden.

Burmann, Christoph, Heribert Meffert, und M. Koers. 2005. Stellenwert und Gegenstand des Markenmanagement. 2. Aufl. In Markenmanagement. Identitäts-orientierte Markenführung und praktische Umsetzung, Hrsg. Heribert Meffert, Christoph Burmann und Martin Koers, 3–17. Wiesbaden.

Burmann, Christoph, und Wulf Stolle. 2007. Markenimage. Konzeptualisierung eines komplexen mehrdimensionalen Konstrukts, Arbeitspapier Nr. 28 des Lehrstuhls für innovatives Markenmanagement der Universität Bremen.

Burmann, Christoph, und Sabrina Zeplin. 2005. Innengerichtetes identitäts-basiertes Markenmanagement. 2. Aufl. In *Markenmanagement. Identitäts-orientierte Markenführung und praktische Umsetzung,* Hrsg. Heribert Meffert, Christoph Burmann und Martin Koers, 116–139. Wiesbaden.

Buss, Eugen. 2006. Unternehmensgeschichte und Markenhistorie. Die heimlichen Erfolgsfaktoren des Markenmanagements. In *Die Bedeutung der Tradition für die Markenkommunikation. Konzepte und Instrumente zur ganzheitlichen Ausschöpfung des Erfolgspotenzials Markenhistorie,* Hrsg. Nicolai O. Herbrand und Stefan Röhring, 197–212. Stuttgart.

Conzen, Peter. 1990. *Erik H. Erikson und die Psychoanalyse.* Heidelberg.

de Chernatony, Leslie. 2001. *From brand vision to brand evaluation. Stra-tegically building and sustaining brands.* Oxford.

de Chernatony, Leslie. 2010. *From brand vision to brand evaluation. The strategic process of growing and strengthening brands.* 3. Aufl. Oxford.

Dobni, Dawn, und George M. Zinkhan. 1990. In Search of brand image: A foundation analysis. *Advances in Consumer Research* 17: 110–119.

Domizlaff, Hans. 2005. *Die Gewinnung des öffentlichen Vertrauens. Ein Lehrbuch der Markentechnik.* 7. Aufl. Hamburg (Original 1939).

Drengner, Jan. 2006. *Imagewirkungen von Eventmarketing.* 2. Aufl. Wiesbaden.

Ebert, Christian. 2004. *Identitätsorientiertes Stadtmarketing.* Frankfurt a. M.

Engh, Marcel. 2006. Popstars als Marke, Verhaltenswissenschaftliche Erkenntnisse für das Musikmarketing. In *Kulturbranding? Konzepte und Perspektiven der Markenbildung im Kulturbereich,* Hrsg. Steffen Höhne und Ralf-Philipp Ziegler, 137–157. Leipzig.

Esch, Franz-Rudolf. 2012. *Strategie und Technik der Markenführung.* 7. Aufl. München.

Esch, Franz-Rudolf. 2008. *Strategie und Technik der Markenführung.* 5. Aufl. München.

Esch, Franz-Rudolf, Tobias Langner, und Jan Eric Rempel. 2005. Ansätze zur Erfassung und Entwicklung der Markenidentität. 4. Aufl. In *Moderne Markenführung*, Hrsg. Franz-Rudolf Esch, 103–129. Wiesbaden.

Fournier, Susan M. 2005. Markenbeziehungen – Konsumenten und ihre Marken. 4. Aufl. In *Moderne Markenführung*, Hrsg. Franz-Rudolf Esch, 209–237. Wiesbaden.

Freiling, Jörg. 2001. *Resource-based view und ökonomische Theorie*. Wiesbaden.

Frey, Hans-Peter, und Karl Haußer. 1987. Entwicklungslinien sozialwissen-schaftlicher Identitätsforschung. In *Identität. Entwicklungen psychologischer und soziologischer Forschung*, Hrsg. Hans-Peter Frey, und Karl Haußer, 3–26. Stuttgart.

Fröhlich, Werner D. 2000. *Wörterbuch Psychologie*. 23. Aufl. München.

Haußer, Karl. 1983. *Identitätsentwicklung*. New York.

Haußer, Karl. 1995. *Identitätspsychologie*. Berlin.

Hennig-Thurau, Thorsten. 2006. Tom Hanks inside* – Filmstars als Marken! Zum Einfluss von Filmstars auf den ökonomischen Erfolg von Spielfilmen. In *Kulturbranding? Konzepte und Perspektiven der Markenbildung im Kulturbereich*, Hrsg. Steffen Höhne und Ralf-Philipp Ziegler, 159–182. Leipzig.

Hofstede, Geert, Gert Jan Hofstede, und Michael Minkov. 2010. *Cultures and Organizations*. 3. Aufl. New York.

Homburg, Christian. 2012. *Marketingmanagement. Strategie – Instrumente – Umsetzung – Unternehmensführung*. 4. Aufl. Wiesbaden.

Jost-Benz, Marc. 2009. *Identitätsbasierte Markenbewertung*. Wiesbaden.

Kapferer, Jean- Noël. 1992. *Die Marke – Kapital des Unternehmens*. Lands-berg.

Kapferer, Jean-Noël. 2008. *The new strategic brand management*. 4. Aufl. London.

Kapferer, Jean-Noël. 2012. *The new strategic brand management*. 5. Aufl. London.

Keller, Kevin Lane. 1993. Conceptualizing, measuring and managing customer-based brand equity. *Journal of Marketing* 57 (January 1993): 1–22.

Keller, Kevin Lane. 2008. *Strategic brand management*. 3. Aufl. Upper Saddle River.

Keller, Kevin Lane, Tony Apéria, und Mats Georgson. 2008. *Strategic brand management. A European perspective*. Harlow.

Keupp, Heiner, Thomas Ahbe, Wolfgang Gmür, Renate Höfer, Beate Mitzscher-lich, Wolfgang Kraus, und Florian Straus. 1999. Identitäts-konstruktionen. Das Patchwork der Identitäten in der Spätmoderne. Reinbek bei Hamburg.

Krappmann, Lothar. 2005. *Soziologische Dimensionen der Identität*. 10. Aufl. Stuttgart.

Kühne, Martina. 2008. *Die Stadt als Marke. Eine qualitative-empirische Untersuchung zur identitätsorientierten Markenpolitik von Städten*. Aachen.

Kunow, Rüdiger, und Wilfried Raussert. 2008. Cultural memory and multiple identities: An interdisciplinary approach to 20th century identity politics. In *Cultural memory and multiple identities*, Hrsg. Rüdiger Kunow und Wilfried Raussert, 7–17 Berlin.

Lobenstein, Christiane. 2004. Den wahren Wert der Marke ergründen. In *Der Wert der Marke – Markenbewer-tungsverfahren für ein erfolgreiches Markenmanagement*, Hrsg. Alexander Schimansky, 206–221. München.

Marxhausen, Christiane. 2010. Identität – Repräsentation – Diskurs. *Eine handlungsorientierte linguistische Diskursanalyse zur Erfassung raumbezogener Identitätsangebote*. Stuttgart.

Meffert, Heribert, und Christoph Burmann. 1996. Identitätsorientierte Marken-führung – Grundlagen für das Management von Markenportfolios, Arbeitspapier Nr. 100 der Wissenschaftlichen Gesellschaft für Marketing und Unternehmensführung, München.

Meffert, Heribert, und Christoph Burmann. 2002. Theoretisches Grundkonzept der identitätsorientierten Markenführung. In *Markenmanagement. Identitätsorientierte Markenführung und praktische Umsetzung*, Hrsg. Heribert Meffert, Christoph Bur-mann und Martin Koers, 35–72. Wiesbaden.

Meffert, Heribert, und Christoph Burmann. 2005. Wandel in der Markenführung – vom instrumentellen zum identitätsorientierten Markenverständnis. 2 Aufl. In *Markenmanagement. Identitätsorientierte Markenführung und praktische Umsetzung*, Hrsg. Heribert Meffert, Christoph Burmann und Martin Koers, 19–36. Wiesbaden.

Meffert, Heribert, und Martin Koers. 2005. Identitätsorientiertes Marken-controlling – Grundlagen und konzeptionelle Ausgestaltung. 2. Aufl. In *Marken-management. Identitätsorientierte Markenführung und praktische Umsetzung*, Hrsg. Heribert Meffert, Christoph Burmann, Martin Koers, 273–296. Wiesbaden.

Meffert, Heribert, Christoph Burmann, und Manfred Kirchgeorg. 2012. Marke-ting. Grundlagen marktorientierter Unternehmensführung. 11. Aufl. Wiesbaden.

Melewar, T. C., Elif Karaosmanoglu. 2006. Seven dimensions of corporate identity. *European Journal of Marketing* 40 (7–8): 846–869.

Müller, Andreas. 2012. *Symbole als Instrumente der Markenführung*. Wiesbaden.

Nandan, Shiva. 2005. An exploration of the brand identity – brand image linkage: A communication perspective. *Journal of Brand Management* 12 (4): 264–278.

Narr, Wolf-Dieter. 1999. Identität als (globale) Gefahr. Zum Unwesen eines leeren Wesensbegriffs und seinen angestrebten Befindlichkeiten. In *Identität und Interesse. Der Diskurs der Identitätsforschung*, Hrsg. Walter Reese-Schäfer, 101–128. Opladen.

o. V. 2001. *Identität, in Duden – Lexikon in drei Bänden*, Bd. 2. 488. Mannheim.

Plummer, J. T. 2000. How personality makes a difference. *Journal of Advertising Research* 40 (6): 79–83.

van Rekom, Johann, Gabriele Jacobs, Peeter W. J. Verlegh, und Kle-ment Podnar. 2006. Capturing the essence of a corporate brand personality. A Western brand in Eastern Europe. *Journal of Brand Management* 14 (1–2): 114–124.

Riedmüller, Florian, und Arthur Höld. 2008. Identitätsorientierte Marken-kommunikation am Beispiel adidas. In *Handbuch Marken-kommunikation*, Hrsg. Arnold Hermanns, Tanja Ringle und Pascal C. van Overloop, 171–89. München.

Riesenbeck, Hajo. 2004. Die McKinsey Markenmatik: Ein Ansatz zur systematischen Bewertung und Gestaltung von Marken. In *Der Wert der Marke – Marken-bewertungsverfahren für ein erfolgreiches Markenmanagement*, Hrsg. Alexander Schimansky, 500–517. München.

Riesenbeck, Hajo, und Jesko Perrey. 2009. *Power brands. Measuring, making and managing brand success*. 2. Aufl. Weinheim.

Sattler, Henrik. 1997. Indikatoren für den langfristigen Markenwert, in Markenartikel – Zeitschrift für Markenführung, Jg. 59 (Nr. 6/1997). 46–50.

Schmidt, Heinrich, und Georgi Schischkoff. 1982. *Philosophisches Wörter-buch*. 21. Aufl. Stuttgart.

Schmidt, Klaus. 2008. Identitätsorientierung als Leitlinie der Marken. In *Handbuch Markenkommunikation*, Hrsg. Arnold Hermanns, Tanja Ringle und Pascal C. van Overloop, 15–29. München.

Schmitt-Egner, Peter. 1999. Regionale Identität, transnationaler Regio-nalismus und europäische Kompetenz. Theoretische, methodische und normative Überlegungen zum Verhältnis von regionaler und europäischer Identität. In *Identität und Interesse. Der Diskurs der Identitätsforschung*, Hrsg. Walter Reese-Schäfer, 129–157. Opladen.

Sirgy, M. Joseph. 1982. Self-concept in consumer behavior: A critical review. *Journal of Consumer Research* 9 (December): 287–300.

Trommsdorff, Volker. 2009. *Konsumentenverhalten*. 7. Aufl. Stuttgart.

Trommsdorff, Volker, und Thorsten Teichert. 2011. *Konsumentenverhalten*. 8. Aufl. Stuttgart.

Upshaw, Lynn B. 1995. *Building brand identity: A Strategy for success in a hostile marketplace*. New York.

Weichhart, Peter. 1990. *Raumbezogene Identität. Bausteine zu einer Theorie räumlich-sozialer Kognition und Identifikation*. Stuttgart.

Weichhart, Peter, Christine Weiske, und Bruno Werlen. 2006. *Place identity und images. Das Beispiel Eisenhüttenstadt*. Wien.

Weidenfeld, Werner. 1983. Die Identität der Deutschen – Fragen, Positionen, Perspektiven. In *Die Identität der Deutschen*, Hrsg. Werner Weidenfeld,13–49. Darmstadt.

Werthmöller, Ewald. 1995. *Räumliche Identität als Aufgabenfeld des Städte- und Regionenmarketing – ein Beitrag zur Fundierung des Place-marketing*. Frankfurt a. M.

Woischwill, Branko. 2003. Goethe als Marke. In *Der Mensch als Marke*, Hrsg. Dieter Herbst, 217–234. Göttingen.

Zeplin, Sabrina. 2005. *Innengerichtetes identitätsbasiertes Markenmanage-ment*. Wiesbaden.